평화학 개론

김연철 · 서보혁 · 황수환 지음

박영사

목차

제1부. 평화의 개념

제2부. 평화의 영역

제3부. 평화의 실천

제4부. 평화의 미래

부록

발간사

김연철(전 통일부 장관)

"평화가 전부는 아니지만, 평화가 없으면 아무것도 존재할 수 없다." 독일 통일의 기초를 마련했고, 동유럽과 화해의 시대를 열었던 전 독일 총리 빌리 브란트의 말이다. 평화는 공기와 같아서 있을 때는 그 소중함을 알기 어렵다. 그러나 평화가 사라지면 등장하는 비극의 실체를 우리는 역사 속의 많은 사례들에서 생생하게 보고 있다. 아니 지금도 우크라이나, 시리아, 이스라엘-팔레스타인과 같은 분쟁 지역에서 평화가 사라진 비극을 목도하고 있다. 인류가 생긴 이래로 늘 무엇보다 중요한 질문이지만, 오늘도 묻지 않을 수 없다. 과연 '평화는 무엇인가?'

사람이 사는 세상에는 언제나 갈등이 존재하고 폭력의 씨앗이 자란다. 그리고 오해와 오판이 어우러지면서 전쟁이 일어난다. 전쟁이 일시적으로 끝나고 평화가 오는 일도 있지만, 평화가 와도 오래가지 못하는 사례도 적지 않다. 그야말로 '풀기 어려운 분쟁'을 장기간 겪는 나라도 있지만, 수백 년의 시간 동안 쌓인 얽히고 설킨 분노와 복수를 화해와 평화로 전환한 사례도 존재한다. 과연 무엇이 전쟁과 평화 사이를 결정할까? 평화를 만드는 노력이 모여야 더욱 평화로워질 수 있다. 사람과 물자가 서로 연결된 현대 사회에서 전쟁의 피해는 한 나라에 한정되지 않고 세계적으로 퍼지기에 더욱 그렇다.

평화의 필요성을 공감하는 것도 중요하지만, 평화를 올바르게 이해하는 것이 더욱 중요하다는 점이 우리가 이 책을 쓴 이유이다. 전쟁과 평화의 역사만큼이나 평화를 이해하는 방식도 다양하다. 여전히 힘에 의한 평화를 주장하는 사람들은 조지 오웰이 역설적으로 묘사했지만, '전쟁은 평화'라고 이해한다. 그러나 힘에 의한 평화는 일시적으로 평화 상태를 만들 수 있지만 지속하기 어렵다. 평화는 갈등의 원인을 찾아서 얽힌 매듭을 풀고, 상처를 치유하고, 친구가 되어야 만들어진다. 평화는 그래서 평화적 수단으로 이루어야 지속 가능하다.

이 책은 평화의 개념과 영역을 다룬다. 언제나 평화는 저절로 이루어지지 않으며 아주 천천히 온다. 평화를 만드는 사람들의 의지와 노력이 중요하고, 화해를 위해 필요한 노력을 전개하되 분쟁 당사자들이 마주하고 손 잡을 때까지 인내해야 한다. 그동안 평화학이 발전하면서 개념도 다양해지고 영역도 넓어졌다. 일시적인 평화가 아니라, 평화의 지속가능성을 위해서는 우리를 둘러싼 다양한 삶의 영역에서 평화의 개념이 더욱 넓어져야 한다. 특히 정치·군사 분야의 전통적 평화의 영역과 더불어 사회와 경제, 그리고 생태 분야를 아우르는 새로운 평화 개념을 이해할 필요가 있다.

평화를 어떻게 만들 수 있을까? 외교는 평화를 만드는 기초이며, 화해는 관계를 변화시키는 동력이다. 교통과 통신의 발달로

6

외교는 더욱 빈번해지고 있다. 동시에 난민의 증가와 점증하는 민족주의, 공급망의 안보화에 따른 경제안보의 중요성, 그리고 세계화의 시대가 끝나가면서 예측이 어려운 시대를 인류는 직면하고 있다. 과거의 질서는 무너지고 새로운 질서가 오지 않고 지구촌의 생존 자체가 위협받는 시대가 펼쳐지면서 그 어느 때보다도 평화를 어떻게 만들어 갈 것인지를 고민해야 할 때다.

평화는 전쟁이 남긴 상처 위에서 자라나고, 비극을 되풀이하지 말자는 다짐 속에서 퍼져간다. 전쟁을 겪은 한반도는 아직도 많은 상처를 안고 있다. 치유의 정치가 필요하며, 특히 평화적 감수성이 널리 퍼질 필요가 있다. 차이를 인정하고 공존의 지혜를 추구하며, 대화와 소통으로 평화에 관한 생각의 차이를 좁힐 필요가 있다. 이 책이 급변하는 세계에서 확장하는 평화 개념을 이해하는 계기를 제공하기를 바란다. 평화를 꿈꾸고 평화를 만드는 모든 사람들에게 이 책을 권한다.

서문

서보혁 · 황수환

평화의 개념은 다양하다. '일체의 갈등이 없이 평온하고 화목한 상태'라는 사전적 의미가 있지만 개개인마다 평온과 화목의 상황과 조건이 다를 수 있다. 사람들에게 평화가 무엇이냐고 물어보면 전쟁 반대, 경제적 격차 해소, 차별 및 불평등 해소 등 다양한 답을 들을 수 있는 것도 그러한 이유이다. 개념이 다양하다는 것은 그만큼 쉽게 이해하기 어렵다는 의미로 해석할 수도 있다. 세계는 여전히 평화보다 전쟁과 갈등이라는 단어가 익숙한 것이 현실이다. 세계 도처에서 발생하고 있는 전쟁과 갈등으로 인해 평화라는 개념이 하나의 특정 모양으로 손에 잡히지 않을 수 있다. 그럼에도 평화라는 것은 틀림없이 존재하는 것이 사실이다. 평화라는 목적지를 찾아가는 노력은 나 자신과 내가 속한 공동체의 존속에 반드시 필요한 작업이다. 그 노력은 다양한 평화의 개념을 학습하며 이해의 폭을 넓혀가는 과정이기도 하다.

오늘날 세계는 정보통신과 과학기술의 발전으로 인해 하나가 되어가는 듯하다. 세계가 하나로 이어져 있다는 것은 다양한 이슈들이 연계되어 더이상 분리되기 어려움을 내포하고 있다. 평화 역시 여러 이슈들이 분리되는 것이 아니라 연계되어 시너지 효과를 낼 때 가능할 수 있다. 정치·군사적인 이슈를 비롯하여 경제, 사회, 생태 등 다양한 이슈들을 종합할 때 평화의 문제들을 풍부하게 이해할 수 있다. 단편적으로 흩어져 있는 다양한 이슈들을 연계하여 이해할 때 평화의 본질에 더 다가갈 수 있다. 한반도 평화역시 세계평화와 연계되어 이해할 때 보다 풍부하게 이해할 수있는 것과 마찬가지다.

이 책은 평화 개론서이다. 평화를 종합적으로 그러면서도 풍부하게 이해하고픈 모든 분들에게 유용하도록 제작했다. 평화와 관련된 다양한 서적들이 있지만 특정 주제에 관한 전문 학술서이거나 전체적인 맥락이 미흡한 가운데 계몽용 아동 및 청소년 도서인경우가 많다. 물론 그런 가운데서도 몇몇 눈에 띄는 개론서들이있지만, 일정한 체계를 가진 평화학 입문서로 추천하기는 힘들어보인다. 주변에서 종종 평화와 관련된 이야기를 함에도 불구하고그것이 어떠한 평화인지, 그 평화를 어떻게 실현할 수 있는지 모호했던 분들에게 도움을 주고자 이 책을 제작했다. 다양한 평화의개념과 영역, 실현 방법을 포함해 종합적인 이해를 도모하고, 동시에 그런 이해를 한반도를 성찰하고 전망하는데 도움이 되도록구성하였다. 서구적 시각에서 제공한 평화의 개념을 재해석하고한반도 상황에 적용할 길을 이해하기 쉽게 서술하였다.

이 책은 교과서 형태로 평화의 개념과 내용을 누구나 쉽게 이해할 수 있도록 구성했다. 평화에 기여할 미래를 준비하는 청소년은물론 대학생과 시민들의 교양도서로 좋을 것이다. 대학에서는 국제관계학, 정치학, 북한학, 통일학 관련 수업 교재로 활용할 수 있도록 만들었다. 지식의 단순 주입이 아니라, 찾아보고 생각하고 토론해보도록 구성하였다.

　각 장의 구성을 간략히 소개하면, 제1부에서는 평화의 역사와 유형 등 개념을 소개한다. 제2부에서는 정치, 군사, 사회, 경제, 생태, 제도적 측면에서 평화의 영역을 소개한다. 제3부에서는 외교와 협상, 군비통제, 비폭력과 반차별, 기후정의, 진실규명과 화해 등 평화의 실현 방법에 대해 소개한다. 제4부에서는 한반도와 세계적 차원의 평화의 미래를 전망하고 있다. 각 장의 마지막에는 해당 내용에 맞는 토론주제, 참고자료를 소개하여 독자들의 이해의 폭을 넓히려 하였다.

　이 책이 우리 사회에서 평화적 수단에 의한 갈등 해결의 문화를 확립하고, 학술적으로는 평화학의 확산에 일말의 기여를 한다면 필자들은 더할 나위 없이 기쁠 것이다.

제1부. 평화의 개념

Ⅰ. 평화의 역사

■ 학습목표

전쟁과 폭력의 역사에서 평화 개념이 어떻게 변화해 왔는지를 살펴본다.

1. 들어가는 말

인류의 역사는 전쟁의 역사이고, 동시에 평화의 역사다. 인류는 전쟁의 상처를 회복하고, 전쟁의 원인을 제거하고, 전쟁의 재발을 막기 위해 노력해왔다. 그러나 평화의 노력에도 불구하고, 사람을 죽이고, 환경을 파괴하고, 일상의 삶을 앗아가는 전쟁은 끊이지 않고 있다. 전쟁의 상처가 너무 크기 때문에, 평화의 소망이 절실하다.

고대에서 현대에 이르기까지 전쟁은 언제나 비극과 절망을 낳았다. 핵무기를 개발한 20세기 이후, 전쟁은 인류의 절멸로 이어질 수 있다는 공포를 의미한다. 평화의 꽃은 전쟁이 낳은 슬픔 위에서 피어난다. 미국 워싱턴 D.C.의 베트남 전쟁 기념관처럼, 세계적으로 유명한 전쟁과 평화의 기념 공간은 전쟁에서 사망한 사람들의 이름을 기록한다. 평화는 죽은 사람을 추모하며, 다시는 비극을 되풀이하지 않겠다는 성찰과 반성에서 시작한다.

물론 사람과 사람의 관계에서 갈등과 대립이 없을 수 없다. 그래서 평화는 갈등이 없는 세계를 지향하지만, 동시에 갈등을 해결하고 극복하는 과정을 중시한다. 폭력은 폭력을 낳기 때문에, 폭력으로 평화를 만들 수는 없다. 평화는 용서와 화해로 시작하고, 평화적 수단으로만 가능하다. 평화의 수준은 전쟁이 없는 소극적 평화에서 구조적·문화적 폭력이 부재한 적극적 평화까지 다양하다.

소극적 평화와 적극적 평화는 평화학의 대가 요한 갈퉁Johan Galtung이 고안한 개념으로서 평화의 개념을 확장하는데 기여하였다. 소극적 평화negative peace는 전쟁과 같은 물리적 폭력이 없는 상태를 말하는데 기존에는 소극적 평화를 평화의 전부로 인식하였다. 그러나 이 경우 억압에 의해 짓눌려 조용한 상태도 평화로 간주될 수 있는 문제가 생긴다. 적극적 평화positive peace는 물리적 폭력만이 아니라 차별, 불평등, 혐오와 배제, 난개발 등

소극적 평화와 적극적 평화 개념을 창안한 요한 갈퉁 (위키피디아 커먼스)

16

을 멈추고 인간의 존엄과 뭇 생명을 지키는 제도(구조적 평화)와 의식(문화적 평화)을 포함한다. 인류는 소극적 평화에 머물지 않고 적극적 평화를 달성하기 위한 노력이 필요하다. 본 장에서는 인류 사회가 전쟁과 폭력을 넘어 평화를 형성하기 위한 역사적 사건과 내용을 살펴보도록 한다.

2. 전쟁의 역사와 핵무기의 시대

인류의 과학기술은 전쟁이 낳은 산물이다. 칼을 만들면서 합금과 제련 기술이 발달했고, 총과 대포로 진화하면서 화학과 금속 기술이 발달했다. 전쟁의 무기가 발달할수록 그만큼 전쟁의 피해도 커졌다. 근대 이후의 전쟁은 군인들만 참여하는 것이 아니라, 모든 국민이 총동원되는 총력전이기 때문에 전쟁 피해는 넓고 깊었다. 여기에 민간인들에 대한 공격이 가해지기도 한다. 전쟁이 남긴 상처는 사람과 물자의 손실을 넘어서, 불신과 대립, 적대와 혐오 등 정신적이고 심리적인 후유증도 남긴다. 전쟁의 상처는 전쟁이 끝나도, 아주 오랫동안 갈등의 씨앗으로 남겨졌다.

20세기 인류는 두 번의 세계대전을 겪었다. 1차 세계대전은 세르비아에서 오스트리아 황태자가 저격당하면서 시작했다. 바바라 터크먼Barbara W. Tuchman은 1차 세계대전의 개전 초기를 다룬 『8월의 포성The Guns of August』이라는 책에서 전쟁을 "오해와 편견이 어우러진 의도하지 않은 결과"라고 분석했다. 스위스에서 영국해협까지 거의 1,000km에 달하는 참호를 중심으로 한 참호전이 4년 동안 계속되었고 처음으로 독가스를 사용하면서 1차 세계대전은 그 이전 시기의 전쟁과 비교할 수 없는 막대한 피해를 안겼다.

2차 세계대전의 피해는 더 컸다. 1938년 히틀러는 독일인이 다수 거주하던 체코슬로바키아의 주테텐 지역을 병합하면서, 전쟁을 예고했다. 1939년 9월 독일이 체코를 침략하면서 2차 세계대전이 시작했다. 2차 세계대전은 전쟁무기의 발달과 비례해서 막대한 인명과 물적 피해를 입혔지만, 유대인들의 대량 학살을 의미하는 홀로코스트Holocaust라는 인류 역사에서 지워지지 않을 오점을 남겼다.

인류는 두 번의 세계대전을 겪으며, 전쟁의 비극을 되풀이하지 말자는 성찰과 반성을 공감했다. 1962년 쿠바 미사일 위기로 3차 세계내전이 일어날 수도 있는 위기의 순간에, 미국의 케네디 대통령은 바바라 터크먼이 쓴 『8월의 포성』을 읽으며 신중한 대응을 선택하기도 했다. 그러나 2차 세계대전이 끝난 이후에도 한반도에서 중동, 인도차이나반도에서 카리브해까지 전쟁은 끊이지 않았다.

쿠바 미사일 위기는 핵무기 시대의 전쟁이 인류의 절멸로 이어질 수 있다는 공포를 각인 시켰다. 히로시마와 나가사키에 사용된 핵무기의 파괴력은 상상을 초월했다. 많은 사람들이 사망했고, 이후 방사선 노출로 더 많은 사람이 아주 오랫동안 사망하고 고통을 겪었다. 핵무기의 숫자는 늘어나고, 사거리가 늘었으며, 종류가 다양해졌다. 핵무기는 1945년 8월 히로시마와 나가사키에 사용된 이후 더 이상 사용되지 않았다는 점에서 군사적

무기라기보다는 정치적 무기에 가깝다.

　냉전 시기에 미국과 소련이 가진 핵무기는 역설적으로 전쟁을 억지했다. 핵전쟁은 서로 확실하게 파괴한다Mutual Assured Destruction는 점에서 약자로 '미친 짓'MAD이라고 부르기도 한다. 인류는 핵무기의 확산 방지를 위해 국제원자력기구IAEA를 만들고 핵확산금지조약NPT을 체결했지만, 확산의 위험성은 여전히 존재한다. 인도와 파키스탄이 핵무기를 보유했고, 북한의 핵무기 개발도 계속 진전하고 있다. 물론 남아프리카공화국처럼 스스로 핵무기를 폐기한 국가도 있고, 이란의 핵 문제를 해결하기 위한 협상이 진행되기도 했다. 아프리카와 라틴 아메리카를 비롯해서 많은 지역들이 비핵지대화 협정을 맺기도 했다.

　냉전이 끝나는 시점에서 미국과 소련은 몇 번의 중요한 핵무기 감축 협상을 했지만, 여전히 핵무기는 인류를 절멸할 수 있을

핵무기를 반대하는 의료인 캠페인 (위키피디아 커먼스)

만큼 유지되고 있다. 북한의 핵문제를 해결하기 위한 몇 번의 중요한 협상이 있었지만, 북한의 핵 능력은 다양해지고 고도화되고 있다. 세계적인 차원에서 핵무기의 비확산 체제를 지키기 위해 노력하고 있지만, 북한의 사례처럼 확산의 위험성은 여전히 존재한다. 그러나 인도와 파키스탄의 사례처럼 핵무기를 서로 가져도, 재래식 제한 전쟁은 일어났다. 핵무기를 갖고 있어서 전면전은 어렵지만, 제한적인 공간에서의 무력 충돌은 지속되었다. 한반도를 비롯한 분단국가들의 대립과 충돌도 계속 발생했다. 1953년 한반도의 휴전협정에도 불구하고, 비무장지대나 서해에서 군사적 충돌은 꾸준히 이어졌다.

20세기 두 번의 세계대전 이후에도 아주 오래된 분쟁지역의 제한 전쟁은 꺼지지 않는 불씨처럼 계속 재발했다. 국가의 분열과 내전도 이어졌다. 아프리카처럼 외부세력이 자신의 필요에 따라 국경을 획정한 경우, 국경 내부의 인종과 종교, 언어와 문화적 충돌이 내전으로 발전했다. 오래된 내전 국가인 수단은 남수단을 독립시켰지만, 여전히 평화를 회복하지 못하고 있다. 예멘은 한번은 합의로 다른 한 번은 전쟁으로 통일했지만, 이후 북부와 남부, 부족간의 갈등이 합쳐지면서 오랜 내전을 겪고 있다. 미얀마의 군사 쿠데타를 비롯한 민주주의의 진통을 겪고 있는 국가들도 적지 않다.

3. 고질적 분쟁과 평화

평화의 길은 멀고 복잡하다. 그래서 목적지에 닿는 것도 중요하지만, 평화를 만들어 가는 과정이 중요하다. '결과로서의 평화'만큼이나 '과정으로서의 평화'가 소중하다. 너무 오랫동안 갈등을 겪어서 구조적이고 심층적인 적대심이 퍼져 있는 사례에서도 평화를 만든 사례가 있다. 물론 그 과정은 어렵고 복잡하고 시간이 걸렸다.

잉글랜드인과 스코틀랜드인들의 아일랜드 식민지 개척을 배경으로 하는 북아일랜드 분쟁은 풀기 어려운 고질적 분쟁의 대명사였다. 영국계와 아일랜드계 사이에 아주 오랫동안 정치, 종교, 문화, 모든 영역에서 장벽을 쌓고 피를 흘리고 갈등을 겪었다. 분쟁을 해결하기 위해 몇 번의 협상에서 합의에 이르렀지만, 약속은 지켜지지 않고 다시 피를 흘리는 악순환이 지속되었다. 1998년 오랜 내전을 끝낼 평화협정인 '성금요일 협정'이 맺어졌다.

미국과 영국 모두 협상의 의지가 있었고, 내부적으로도 협상의 필요성에 공감하는 사람들이 늘어나면서 협상이 일어날 환경이 만들어졌다. 그럼에도 합의에 이르는 과정은 길고 복잡하고 순탄치 않았다. 그야말로 인내심을 가진 아주 오랜 협상이 중단되지 않고 이어졌고, 지혜로운 중재자들의 노력이 있었으며, 북아일랜드 사람들의 평화를 바라는 마음이 모아진 소중한 결실이었다. 물론 평화협정을 맺은 이후에도 적대의 현실은 가시지 않고 갈등의 여진이 계속되었다. 합의는 끝이 아니라, 합의를 이행하는 과정이 기다리고, 약속의 실천 속에서 신뢰를 쌓기 위해서는 또 많은 시간이 필요했다.

남아프리카공화국의 민주화 경험도 중요하다. 백인 정권의 오랜 인종차별 정책은 국제사회의 강력한 제재 대상이었다. 백인 정권은 감옥에 있는 흑인 지도자 넬슨 만델라Nelson Mandela와 대화를 시작하면서, 전환을 시작했다. 백인 정권은 스스로 개발한 핵무기를 자진 폐기하기도 했다. 핵무기 보유국가가 스스로 핵무기를 포기한 유일한 사례였다. 넬슨 만델라는 27년 동안 감옥에 있었지만, 용서와 화해로 새로운 민주적 전환의 필요성을 공감했다. 너무 오랫동안 대립했기 때문에, 적대감에서 상호이해로 전환하는 과정은 쉽지 않았다. 양측 모두 강경파를 설득해야 했고, 불신에서 신뢰로 조금씩 전진해야 했다. 민주화에 합의하고, 선거를 통해 만델라 정부가 출범했을 때도 쉽지 않은 과제가 기다리고 있었다. 인종차별의 시대에 광범위하게 이루어진 국가폭력에 관해서는 독립기구를 설치해 진실을 규명하고, 가해자들이 고백한 상태에서 사회 구성원들이 화해하는 고통스러운 과정을 거쳤다. 진실규명과 화해는 평화로 가기 위해 반드시 거쳐야 하지만, 평화보다 어려운 과제이다. 흑백 대결의 시대에서 흑백화해의 시대로 전환하기 위해 남아프리카공화국은 서로를 이해하고, 공존하면서, 새로운 미래를 만들고 있다.

여전히 '풀기 어려운 분쟁'이 존재하고, 새로운 분쟁도 계속 발생한다. 중동에서 평화를 이루기 위한 노력은 아주 오랜 세월 꾸준히 시도되었지만, 여전히 갈 길이 멀다. 1979년 미국의 지미 카터Jimmy Carter 대통령이 중재한 캠프 데이비드 협정이나 1993

년 빌 클린턴Bill Clinton 대통령이 중재한 오슬로 협정은 합의에도 불구하고 지켜지지 않았다. 적대의 당사자들이 의지가 부족하면, 중재자가 아무리 노력해도 평화로 전환하기 어렵다. 중동에서는 이스라엘과 아랍이라는 전통적인 적대관계에 아랍 내부의 시아파와 수니파의 갈등, 그리고 강대국들의 개입이 겹쳐 분쟁의 성격이 더 복잡해지고 해결이 요원해 보인다.

예멘과 시리아의 오래된 내전, 미얀마의 군부 쿠데타와 내전, 카자흐스탄과 벨라루스의 민주화에 대한 폭력적 진압, 러시아의 우크라이나 침략 등 지구촌 곳곳에서 평화가 멀어지고 있다. 북한 핵 문제는 장기화되고 있고, 남북관계의 교착이 길어지고 있으며, 중국과 대만의 양안 관계의 긴장도 고조되고 있다. 동아시아에서 미중 양국의 군비경쟁도 심화되고 있다.

4. 맺음말

인류사회의 역사를 볼 때 대결과 분쟁의 시대를 극복한 이후에는 평화를 지키는 일이 중요하다. 평화를 지키는 위한 안보의 중요성은 아무리 강조해도 지나치지 않다. 그러나 평화를 만드는 노력을 하지 않으면, 평화는 지켜지기 어렵다. 자신의 안보를 강화하면, 그것은 상대의 안보를 약화시키고, 상대는 안보 불안을 느껴 안보를 강화하고, 그것이 결국 자신의 안보가 약해지는 것을 우리는 '안보 딜레마'라 부른다.

평화 만들기peace making와 평화 지키기peace keeping는 선택이 아니라 보완되어야 한다. 현실적으로 '힘에 의한 평화'가 필요하지만, 그것만으로 평화는 지속 가능하지 않다. 힘으로 이루어지는 평화는 상처를 남기고, 갈등을 낳고, 언제든지 물리적 충돌로 돌아갈 수 있다. 예멘의 사례처럼, 전쟁으로 통일했지만 오히려 통일 이후 갈등이 심화되고, 결국 국가실패로 이어졌다. 힘에 의한 평화는 일시적이고 불안정하다. 평화는 평화적 수단으로 이룰 때 지속가능하고 안정적이다.

평화 만들기는 물리적 충돌의 중단을, 평화 지키기는 그 상태를 지속해나가며 평화를 정착해나가는 노력을 말한다. 평화 만들기를 하려면 분쟁집단들 사이에 대화가 있어야 하고 대화를 통해 분쟁 중단과 상호 입장의 평화적 해결에 합의해야 한다. 평화 지키기에서는 분쟁집단 간 합의 내용의 이행과 분쟁 재발 방지를 위한 노력을 전개해나간나. 여기에는 무기 반납과 검증, 민주선거를 통한 민주정부 수립, 분쟁의 피해자 치유와 사회통합, 경제재건 노력 등이 포함된다. 이를 위해 평화유지군 파견, 경제 및 인도적 지원 등 국제사회의 개입이 일어나기도 한다. 결국 인류의 역사적 경험에 비춰보면 평화가 지속되기 위해서는 평화 만들기와 평화 지키기를 어떻게 얼마나 달성하느냐에 따라 결정된다고 볼 수 있다.

■ 토론주제

• 인류역사에서 전쟁과 평화의 시기를 구분해보자.
• 전쟁과 갈등 이후 장기적인 평화를 만든 사례를 알아보자.

■ 참고자료

관련기구
• 유엔 <www.un.org>
• 유엔 평화구축 <www.un.org/peacebuilding>

추천도서
• 이찬수 외. 『세계평화개념사』. 2020. 인간사랑.
• 서보혁·강혁민 엮음. 『평화개념 연구』. 2022. 모시는사람들.

동영상
• (Youtube) 평화란 무엇일까? - 평화의 의미와 중요성, 평화를 위해
  노력한 사람들 통일부 국립통일교육원 (2020.10.27.)

II. 평화의 유형

■ 학습목표

평화에는 어떤 종류들이 있는지 알아보고 이를 통해 평화의 의미와 범위를 이해한다.

1. 들어가는 말

평화란 무엇인가? 가장 익숙한 정의는 전쟁, 살인, 폭행과 같은 물리적 폭력이 없는 상태일 것이다. 물리적 폭력이 없는 상대를 물리적 평화 혹은 직접적 평화라 부른다. (이 책에서도 특별한 한정이 없는 한 평화를 물리적 평화로 간주하고 있음을 밝혀둔다) 그런데 물리적 평화가 존재해도 평화를 위협하는 억압, 불평등, 혐오가 존재할 수 있다. 한 사회 내에서든, 국가 간이든 겉으로는 평화인데 실은 이런 불안과 위험 요소들이 존재한다. "악법도 법이다"는 말은 합법 뒤에 있는 보이지 않는 폭력을 지칭하는지도 모른다. 법제도로 정당화 되는 폭력을 구조적 폭력, 의식과 관행으로 자연스레 받아들여지는 폭력을 문화적 폭력이라고 말한다. 그런 폭력을 지양(止揚)한 평화를 구조적·문화적 평화라 부른다.

이렇듯 평화에는 물리적 평화 외에도 여러 가지 평화를 생각해볼 수 있다. 폭력이 진화한다면 평화도 진화한다. 평화를 열망하는 사람들의 피땀과 시대정신을 반영해 평화도 더 깊어지고 넓어진다. 본 장에서는 평화의 종류를 살펴보고 각각의 특징과 함께 상호 비교도 해보고, 개개인과 한국사회에 주는 시사점도 생각해보도록 하자.

2. 소극적 평화와 적극적 평화

평화는 한 사람의 마음속에서 존재할 수도 있고, 가족이나 마을에서도 발견할 수 있다. 물론 일국 차원에서도 볼 수 있고 세계평화를 생각해볼 수도 있다. 나아가 인간과 자연, 인간과 우주 간의 관계에서도 평화를 그려볼 수 있다. 이렇게 평화가 여러 차원에서 존재할 수 있다는 전제 하에 아래에서는 주로 한 국가나 국제관계 차원에서 평화의 유형을 생각해보자.

평화는 현실에서 만족할 만한 수준으로 달성되지 않았기 때문에 염원하는 보편가치이다. 현실에서는 평화보다 폭력이 더 기승을 부리는 경우가 많다. 그래서 평화연구peace studies는 '평화 및 폭력 연구'의 줄임말로 이해하면 좋을 것이다. 평화연구의 대가인 요한 갈퉁Johan Galtung은 평화를 직접적, 구조적, 문화적 평화로 분류하면서 그것을 직접적, 구조적, 문화적 폭력과 맞서게 하고 그런 폭력의 대안으로 제시하였다.(표 1) 그는 직접적 평화를 소극적 평화negative peace로 바꿔 부르기도 하였다. 그리고 구조적·문화적 평화를 묶어 적극적 평화positive peace로 부르기도 하였다. 같은 방식으로 그는 직접적 폭력을 소극적 폭력, 구조적·문

[표-1] 요한 갈퉁의 평화와 폭력의 분류

직접적(물리적) 폭력	직접적(물리적) 평화
N(자연): 적자 생존	N: 상호 원조와 협력
P(사람): 자신에 대한 폭력, 자살	P: 내부·내외간 인원 증가
S(사회): 잘못된 선을 넘는 폭력	S: 비폭력적 자유
W(세계): 전쟁 지형-대량 학살	W: 평화운동-대안적 방비
C(문화): 문화의 말살	C: 문화의 자유
T(시간): 폭력의 역사와 미래, 전쟁	T: 평화의 역사와 미래

구조적 폭력	구조적 평화
N: 환경 파괴	N: 다중심적 생태 평화
P: 정신 병리학	P: 내부·내외 구성원 간 평화
S: 가부장제, 인종주의, 계급	S: 발전, 형평, 평등
W: 제국주의, 무역	W: 평화 지역들-통치, UN
C: 문화적 제국주의	C: 문화적 공존
T: 착취와 탄압의 역사와 미래	T: 상기 요소들의 지속성

문화적 폭력	문화적 평화
종교: 전능함	종교: 내재적
법: 민주주의, 인권	법: 민주주의, 인권
사상: 보편주의자, 단일주의자	사상: 특정주의자, 다원주의자
언어: 남녀 차별주의자, 인종주의자	언어: 인본주의자·종(種)의 비차별주의자
예술: 국수주의적, 가부장주의적	예술: 인문주의자·종(種)의 비차별주의자
과학 I : 서구적 논리?	과학 I : 도교인? 불교인?
과학 II : 생활을 파괴함	과학 II : 생활을 향상시키는 것
우주 철학: 동양 I ? 중국적? 일본적?	우주 철학: 동양 II ? 인도? 불교?
학교: 군국주의화	학교: 평화 교육
대학: 군국주의화	대학: 평화 연구와 조사
언론: 전쟁-폭력의 저널리즘	언론: 평화 저널리즘

* 출처: 요한 갈퉁 지음, 강종일·정대화·임성호·김승채·이재봉 옮김, 『평화적 수단에 의한 평화』 (서울: 들녘, 2000), 88쪽.

화적 폭력은 적극적 폭력으로 불렀다. 이 유명한 갈퉁의 소극적/적극적 평화론은 찬사와 비판을 동시에 받으며 평화연구의 지평을 넓히는데 크게 기여하였다. 찬사란 평화를 소극적 평화로만 생각해온 고정관념을 깨고 폭넓게 생각할 개념을 제시한 점이고, 비판이란 세상의 좋은 모든 것을 평화라는 말로 모두 담았다는 지적이다. 이후 갈퉁의 의도와 관계없이 이 개념은 평화를 크게 둘로 나누어 생각하는 관행을 초래하였다.

소극적 평화를 직접적 폭력이 없는 상태라 본다면, 적극적 평화는 인권, 민주주의, 발전, 다양성 등 여러 보편가치들이 조화롭게 꽃피는 상태를 지칭한다. 적극적 평화는 소극적 평화를 전제한다. 위 표에서 보듯이 물론 소극적 평화와 적극적 평화는 여러 차원과 영역에서 구체적인 내용을 갖고 있다. 특히 적극적 평화는 구조적·문화적 평화를 아우르고 있어 그 내용이 방대하다. 1970년대 갈퉁이 적극적 평화론을 제안한 이후 나온 여러 평화론들은 적극적 평화의 특정 측면을 강조하는 식으로 평화 이론을 풍부하게 해온 시간이었다고 말할 수도 있다. 아래에서 간략히 소개하는 평화 개념들도 그런 예이다.

'민주평화democratic peace'는 민주주의 이념을 채택하는 국가들 사이에는 분쟁에 빠지지 않고 평화롭다는 이론에 바탕을 두고 있다. 이를 지지하는 사람들은 근현대 국제관계에서 일어난 분쟁 사례들을 관찰하면서 그 주장을 입증하려고 한다. '안정적 평화stable peace'는 전쟁과 평화의 이분법을 넘어 전쟁 이후 도래한 평화를 어떻게 지속할 수 있느냐에 주목하는 개념이다. 안정적 평화는 일방적 양보와 절제, 교류와 협력 등의 방법을 통해 추진가능하고 화해, 안보공동체, 연방 등의 형태로 나타난다고 본다. '양질의 평화quality peace'는 분쟁을 겪은 사회에서 대중의 안전과 존엄을 중심으로, 그것도 지속가능한 상태에 주목하는 개념이다. 이 개념은 평화를 대중의 입장 혹은 아래로부터 접근하는 시각을 잘 보여주고 있다. '정의로운 평화just peace' 개념 역시 대중의 시각이 십분 반영되어 있는데, 분쟁 및 분쟁 기간 중 대량 민간인 학살 등에 대한 책임규명과 피해자 배상 및 치유, 그리고 상호 적대했던 집단들 사이의 화해에 주목한다. '생태평화eco-peace 혹은 ecological peace'는 근래에 가장 주목받는 개념이자 발전도상의 개념이기도 하다. 기후·보건위기 등 지구의 불확실한 미래가 인간의 성장 및 소비 지상주의에 있음을 성찰하고 인간과 자연의 공존에 주목하는 개념이다.

3. 자유주의 평화와 그 너머

인류가 평화를 갈망하는 마음은 선사시대부터 있어왔다. 자연 및 맹수로부터의 공포, 사적 소유물의 약탈 위험, 외침의 위협 등으로 개인과 공동체의 평화는 늘 기도와 염원의 주제였다. 그렇지만 공통된 이념과 제도를 바탕으로 평화를 확립한다는 사고는 근대의 산물이다. 앞에서 살펴본 평화 개념들 중 정의로운 평화를 제외하고 모두 근대 이후에 만들어졌다. 그런 평화 개념들을 커다란 하나의 범주category로 묶어본다면 그것은 바로 '자유주의 평화liberal peace'이다. 자유주의 평화란 개개인의 인간이 자유롭고 존엄한 존재라는 대전제 하에, 자유로운 개인들로 구성되는 공동체와 공동체들 사이의 관계는 평화롭다고 본다. 대표적인 이론이 민주평화론인데, 민주평화론은 민주주의 국가와 비민주주의 국가 간에는 전쟁이 일어날 가능성이 높다고 말한다. 자유주의 평화론에서 중시하는 요소들은 민주주의 이념, 상호 접촉과 교류, 교역과 협력, 이를 안정적으로 전개하는데 필요한 법과 제도 등이다. 자유주의 평화를 옹호하는 사람들은 그 이론을 지지하지 않는 개인과 공동체에게 교화와 강제, 즉 당근과 채찍으로 자유주의 평화론을 받아들이도록 시도한다.

냉전 시기를 자유주의 평화와 비자유주의 평화(특히, 사회주의 평화) 간의 경쟁으로 볼 수 있다. 그래서 냉전이 해체되자 자유주의 평화론이 승리했다는 주장이 힘을 얻기도 하였다. 시장경제체제와 자유민주주의 이념이 세계화되면서 세계평화를 달성할 것 같은 기대가 부풀어오르기도 하였다. 그러나 세계 곳곳에는 대규모 내전이 일어나면서 민간인 대량학살, 전쟁범죄, 반인도적 범죄 등이 발생하였다. 제국주의 시기 강대국들이 획정한 국경이 민족의 생활권과 어긋나면서 분쟁의 씨앗이 뿌려졌다. 르완다와 구 유고슬라비아에서 일어난 대량학살genocide은 그 대표적인 사례이다. 구 공산진영과 아프리카, 중남미 지역에서 사회주의 체제가 붕괴하고 자유민주주의 체제가 들어섰지만 내전과 내전 후 민족 간 불신과 집단 간 경제 격차, 그 위에 기후·보건위기가 덮쳐왔다. 자유주의 평화의 승리로 비춰졌던 냉전 해체 이후 세계는 직접적 폭력은 물론 각종 구조적·문화적 폭력들이 난무하고 있다. 포스트-자유주의 평화 논의가 일어난 이유가 여기에 있다.

르완다 은야마타기념관(Nyamata Memorial Site)에 안치된
제노사이드 희생자 유골 (위키피디아 커먼스)

'포스트-자유주의 평화post-liberal peace'를 선도하는 평화 개념 하
나를 지목하기는 어렵다. 해방적 평화, 일상적 평화, 경합적 평
화 등이 있지만 이들의 공통점은 자유주의 평화론에 대한 비판
의식과 각 지역과 민족의 문화 및 역사를 반영하는 다양한 평화
론에 대한 필요성이다. 포스트-자유주의 평화론자들은 서구의
자유주의 이념과 제도만이 평화를 보장한다는 주장을 일방적이
라고 비판하고 대신 분쟁이 일어났던 곳에서 존재해온 구체적인
배경과 원인에 주목하고(해방적 평화), 대중의 필요와 희망에 부응하
는 노력이 평화를 달성할 수 있다고 본다. 이때 분쟁의 배경과
원인으로 제국주의 국가의 식민통치와 인종차별, 그리고 초국적
기업의 자원 약탈도 지목된다. 이와 달리 '일상적 평화everyday
peace'는 국가 간 분쟁을 겪지 않는 사회에서도 삶의 터전에서
개인이 육체적으로나 정서적으로 겪는 폭력에 저항하고 평온을
찾아가는 노력을 말한다. '경합적 평화agony peace'는 무엇이 평화

인지 규정하기 어렵고 대신 평화에 관한 다양한 의견과 행동을 존중, 이해, 연결하는 것이 중요하다고 보는 견해이다.

4. 한반도에는 어떤 평화인가?

이상 살펴본 여러 가지 평화들은 각각의 특장점이 있는데 그 것을 발견하면 나 자신과 사회, 그리고 세계의 평화를 연결지어 사고할 수 있을 것이다.

한국사회는 대단히 역동적인 사회이다. 활력이 넘치고 높은 경쟁이 창의력을 만들어낸다는 점에서 긍정적인 데 비해, 높은 기대수준과 극심한 경쟁으로 갈등이 커 사회폭력이 심각한 점은 부정적이다. 역동적 사회의 긍정적인 점을 장려하고 부정적인 점을 지양하는데 인권의식과 함께 평화의식을 함양하는 것은 좋은 방법이다. 건전한 사회 발전은 사회 구성원들이 서로 존중하는 데서 출발한다. 인간으로서의 존엄은 서로를 똑같은 인간으로 대하고 상대의 다름을 존중하는 자세에서 구현된다. 그런 점에서 한국사회의 건전한 발전과 평화로운 관계 증진을 위해 경합적 평화 개념을 더 깊이 생각해볼 필요가 있다. 사회적 약자를 보호하고, 경제 격차를 줄이고, 노동을 더욱 존중하고, 탄소 제로 노력을 확대하면 국제사회로부터 찬사는 물론 북한에게도 적지 않은 영향을 줄 것이다.

한반도는 분단과 정전상태에 있기 때문에 여느 지역과 달리 특수한 과제를 포용하는 평화를 요청한다. 북한은 남한과 통일의 파트너이기도 하지만 전쟁을 치르고 지금까지 대치하는 상대이기도 하다. 한반도 차원에서는 전쟁 위험을 청산하고 소극적 평화를 달성하는 것이 제일의 과제이다. 한반도 비핵화와 평화 체제 수립, 그리고 남북관계 개선을 함께 추진할 일이다. 통일은 상호 신뢰와 평화가 구축된 이후 점진적으로 추진할 일이다. 그렇다면 남북 간 소극적 평화 이전에 적극적 평화는 추구하기 어려운가? 그렇지는 않다. 먼저 소극적 평화를 달성한 후에 적극적 평화를 추구한다는 식으로 갈퉁이 두 평화를 나누지 않았다. 물론 한반도에서 전쟁 위험 제거가 제일 목표이지만 그 과정에서도 북한 주민들의 삶의 질을 개선하고, 이산가족의 한을 풀고, 남북 주민들 간 교류와 교역으로 상생하는 길이 가능하다.

5. 맺음말

전쟁의 위협이 엄연히 존재하는 한반도에서 평화를 전쟁 위협이 없는 상태로 인식해온 것은 자연스럽고 당연한 일이다. 그럼에도 전쟁을 겪은 후의 평화는 전쟁 재발 가능성이 높은 얼어있는 평화frozen peace부터 차가운 평화 → 정상적 평화 → 따뜻한 평화로 평화의 수준이 높아간다. 한반도는 전쟁 가능성이 남아 있지만 대화를 해온 차가운 평화cold peace 상태에서 그 다음을 기약하고 있다. 평화를 소극적 평화로만 정의하면 평화에 대한 풍부한 상상력을 가두어버리는 우를 범한다. 평화=소극적 평화라는 등식에서는 평화를 어떻게 만들어갈 수 있는지를 적극적으로

34

사고할 기회를 갖기 어렵다. 한국에서 그런 평화관은 분단으로 체제경쟁을 벌여간 권력으로부터 강요된 측면이 적지 않다. 이 장에서 간략히 살펴본 평화의 종류를 접해보면서 평화를 열린 시각에서, 다양한 시각을 존중하면서 생각할 계기가 되길 기대해본다. 그런 가운데서 나 자신과 한국사회의 평화를 만들어가는 데 어떤 평화들이 더 필요한지 자기 견해를 만들어갈 수 있을 것이다.

오늘날 세계는 점점 더 하나가 되어가고 있다. 그러니 한국의 평화도 세계평화와 나눠 생각할 수 없다. 평화의 유형을 널리 알아보는 이유도 여기에 있다. 여기서 살펴본 평화'들'은 평화를 구성하는 요소들 중 강조하는 측면에 따라 분류되는데, 평화들 사이의 연관성과 본질적 공통성에 주목하는 것이 중요하다. 그래야 나와 사회 그리고 세계가 연관되어 있듯이 평화를 서로 연관지어 더 풍부하게 사유하고 삶에 적용할 수 있기 때문이다.

■ 토론주제

• 소극적 평화와 적극적 평화를 설명하고 그 둘의 관계를 토의해보자.
• 본문에서 다룬 평화들 가운데 내 자신이 선호하는 평화를 말해보자.
• 한국사회에서 가장 중요한 평화는 무엇인지 그 이유를 말해보자.

■ 참고자료

관련기구
• 통일부 국립통일교육원 ＜www.uniedu.go.kr＞
• 피스모모 ＜https://peacemomo.org＞

추천도서
• 김성철·이찬수 외.『평화의 여러 가지 얼굴』. 2020. 서울대학교 출판 문화원.
• 서보혁·정욱식.『평화학과 평화운동』. 2016. 보시는사람들.
• 요한 갈퉁 지음. 강종일·정대화·임성호·김승채·이재봉 옮김.『평화적 수단에 의한 평화』. 2000. 들녘.

동영상
• (Youtube) 평화란 무엇인가－2020 GTU 세계시민교육 프로젝트 1-1 gtu jnu (2020.12.8.)
• (Youtube) 인간 존엄성을 위한 적극적 평화 EBSi 고교강의 (2021. 3.6.)

III. 평화의 분석

■ 학습목표

평화를 분석하고 평가하는 방법을 알아보고 방법들 사이의 특장점을 이해한다.

1. 들어가는 말

평화가 무엇인지를 정의하고 어떤 평화들이 있는지를 알아보았다면 평화가 추상적인 특정 가치가 아님을 알 수 있을 것이다. 이는 평화의 질과 수준이 다양함을 암시한다. 그렇다면 평화를 분석하거나 평가하는 일이 뒤따를 수밖에 없다.

이 장에서는 평화를 분석하고 평가하는 방법을 알아보고자 하는데, 크게 질적인 방법과 양적인 방법으로 나누어 생각해보겠다. 평화를 분석함에 있어서 이 둘을 대표하는 방법을 몇 개씩 소개하고 난 후에 그것을 한반도 평화에 적용하는 연습도 해보자. 평화를 질적으로 분석하는 방법으로 평화 조성·유지·구축, 군축·동원해제·사회복귀, 평화·인권·발전의 선순환, 양적으로 분석하는 방법으로는 세계평화지수, 평화협정 이행 평가 프로그램 등을 소개할 것이다.

2. 질적 분석

사회 현상을 질적으로 분석한다는 말은 그 현상의 발생과 변화와 관련되는 성질이 얼마나 개입하고 어떻게 작동하는지를 파악하는 일을 말한다. 아래에서는 평화를 질적으로 분석하는 대표적인 사례 3가지를 소개한다.

첫째, 평화 조성·유지·구축에 관한 유엔에서의 논의는 평화를 어떻게 만들어 갈 수 있는가의 문제이다. 평화 조성, 평화 유지, 평화 구축의 세 용어는 평화의 구성요소이자 분석하는 잣대이기도 하다. 1992년 1월 31일 발표된 유엔 사무총장의 보고서인 '평화를 위한 의제: 예방 외교와 평화의 조성 및 유지'에서는 평화 조성·유지·구축이 예방외교와 함께 평화를 만들어가는 주요 방법으로 제시하고 있다. 예방 외교는 당사자 간 갈등을 예방하고 기존 갈등이 분쟁으로 확대되는 것을 방지하며, 분쟁 발생 시 확산을 제한하는 행위이다. 예방 외교가 실패하고 분쟁이 일어나면 분쟁을 중단시키고 협상을 통해 분쟁의 완전한 종식 추구가 우선 과제이다. 평화 조성peace making은 본질적으로 평화적 수단들을 통해 적대적 당사자들을 합의에 이르게 하는 행위이다. 평화 유지peace keeping는 관련 모든 당사자들의 동의를 얻어 현장에 유엔 주둔군을 배치하는 것이다. 여기에는 일반적으로 유엔군 또는 경찰과 민간인도 포함된다. 평화 유지는 분쟁 예방과 평화 조성의 가능성을 확장하는 기술이다. 평화 조성 및 유지에 바탕을 두고 평화를 지속가능하게 하는 제반 조치, 즉 평화

구축peace building을 전개해나갈 수 있다. 구체적으로 평화 구축은 분쟁 당사자들의 무장을 해제하여 질서를 회복하도록 하고, 분쟁에 사용된 무기를 안전한 장소에 보관하거나 폐기하며, 난민을 송환하고, 민주 선거가 잘 진행될 수 있도록 감시하며, 인권 보호 노력을 강화하고, 정부 기관을 개혁 또는 강화하며 시민들의 정치 참여가 잘 이뤄지도록 장려할 수 있다.

2014년 12월 엘살바도르에서 에볼라 바이러스 퇴치에 나선
유엔평화유지군 (위키피디아 커먼스)

둘째, 군축·동원해제·사회복귀Disarmament, Demobilization and Reintegration: DDR이다. 위 첫 번째 논의가 평화 프로세스의 모든 과정을 다루는 데 비해, 두 번째 방법은 평화 프로세스의 초기 단계에 초점을 두고 있다. DDR은 종식된 분쟁이 재발하지 않고 분쟁집단이 평화적 환경에서 평화 프로세스를 본격 전개할 토대를 만드는 것이다. 무장집단이 총을 내려놓고, 무장집단에서 전투

원이 나와 사회에 복귀함으로써 전투원들이 평화 프로세스에 적극 참여하도록 돕는 것이 DDR의 목적이다. 그런데 분쟁이 중단된다고 해서 곧바로 DDR이 이루어지지 못하는 경우도 있다. 그런 상황에 유엔은 '공동체 폭력 감소 프로그램'을 지원해 정치적 상황을 진전시키고 무장집단을 해체하는 조건을 만들어낸다. DDR이 성공하려면 군사비 감축, 군사연구개발의 재정리, 무기산업의 전환, 탈동원과 사회 재통합, 군대 개혁, 잉여무기의 처분 등이 있어야 한다. DDR이 실효를 거두기 위해서는 분쟁집단 간 중재가 반드시 있어야 한다. 중재 과정에는 전문가가 참여해 협상을 돕거나 무장집단을 식별하고 평화 프로그램의 실행 시점을 찾아내고, 평화협정의 이행에 건설적으로 참여할 당사자들의 능력을 높이는 노력 등이 포함된다.

세 번째는 '평화 · 인권 · 빌진의 신순환'으로시 융복합 분석 방법이다. 시간적 범위로 구분가능한 앞의 둘과 달리 이 분석은 연구 범위가 폭넓다. 여기서 평화를 분석 평가하는데 평가가 들어가있는 것이 의아해 보인다. '평화 · 인권 · 발전의 선순환'에서 말하는 평화는 소극적 평화를 말하고, 평가하려는 평화는 소극적 평화에 인권과 발전을 합한 것이다. 즉 적극적 평화가 평가의 대상이다. 인권은 시민 · 정치적 권리(일명 자유권)와 경제 · 사회 · 문화적 권리(일명 사회권)를 비롯하여 국제인권법으로 인정되고 있는 내용을 말한다. 물론 국제인권법에서 인정되고 있지 않더라도 다루고 있는 국가나 지역에서 주목받는 권리도 포함할 수 있다. 발전도 개념이 경제발전에서 사회발전, 인간발전으로 확대하고, 이제는 지속가능한 발전sustainable development에 이르고 있다. 특히 분쟁 후 사회에서 발전은 경제 재건과 대중의 기본적 필요에 초점을 둘 수밖에 없다. 오늘날 국제사회에서 관심을 끌고 있는 지속가능발전목표SDGs도 참고할 수 있다. 다만 이것을 일괄 적용할 게 아니라 분쟁 후 사회의 평화 프로세스에 중요한 주제에 우선을 두는 것이 좋다.

물론 평화를 분석할 때 연구 대상으로 반드시 분쟁이 일어난 나라만 고집할 필요는 없다. 분쟁이 발생된 적이 없는 나라에서도 정치적 이유나 사회적으로 폭력이 일어날 수 있다. 성소수자나 외국인노동자, 장애인 등 사회적 약자에 대한 각양의 폭력이나, 이념 혹은 출신을 달리 하는 집단들 간 폭력적 갈등을 어렵지 않게 볼 수 있다. 이런 경우에도 갈퉁의 세 가지 폭력 개념을 적용해 그 폭력의 크기나 변화 추이를 분석하는 식으로 그 나라의 평화를 알 수 있다.

3. 양적 분석

평화를 양적으로 분석한다는 것은 평화와 관련된 요소들을 수치로 변환해 평화의 수준과 추이를 판단하는 것을 말한다.

첫째, 가장 먼저 생각해 볼 수 있는 방법이 분쟁의 발생 횟수나 분쟁 중 사상자(死傷者) 수, 그리고 그 추이를 통해 평화의 수준을 평가해볼 수 있을 것이다. 스웨덴 웁살라대학교 평화분쟁학과에서는 웁살라분쟁데이터프로그램Uppsala Conflict Data Program: UCDP을 운영하고 있는데, 전 세계에서 일어나는 분쟁 현황을 다각도로 조사해 분석하고 출판과 홈페이지 등을 통해 공유하고 있다. UCDP는 분쟁집단, 사망자 유형(국가폭력·비국가폭력·일방적 폭력에 의한 사망자), 분쟁 기간 등을 공개하고 있다. 연구자들은 자신의 연구 목적에 따라 이들 자료를 적절히 배합해 응용된 자료를 만들어낼 수 있다. 예를 들어 2001년 9.11테러 이후 아프가니스탄의 분쟁·평화 상태를 알고 싶다면, UCDP를 활용해 관련 행위자, 사상자 수와 유형, 그리고 9.11을 전후로 한 양상 비교 등을 수행할 수 있다.

두 번째 양적 분석방법은 세계평화지수Global Peace Index: GPI를 활용하는 작업이다. GPI는 경제평화연구소Institute for Economics & Peace가 세계 163개국을 대상으로 국가별 평화를 상대적으로 평가하는 척도이다. GPI는 2009년 5월 처음 선을 보였는데 분석하는 국가들이 늘어났다. GPI를 구성하는 척도는 국내외 분쟁, 사회안전, 군사화 등 세 범주에 걸쳐 23개이다. 국내외 분쟁 관련 척도로는 대내·외 분쟁의 횟수와 기간, 대내·외 분쟁에서 사망자 수, 분쟁의 강도, 인접국과의 관계 등이다. 사회안전 관련 척도는 범죄율, 난민과 실향민 수, 정치적 안정성, 테러의 충격, 정치 테러, 살인 수, 폭력범죄 수준, 폭력 시위 가능성, 구금자 수, 경찰 수 등이 해당한다. 군사화 관련 척도는 군비 지출, 군대 규모, 재래식 무기의 수출·입 규모, 유엔 평화유지활동 재정기여, 핵 및 중무기 능력, 중경량무기 접근 수준 등이다. 이런 요소들을 활용해 GPI는 한 나라가 대내·외적으로 각각 얼마나 평화로운지 평가하는데, 그것을 측정하는 방법은 23개의 지수에 일정한 정량 및 정성 척도를 1-5점 사이에 매겨 평균을 낸다. 그 결과

1에 더 가까울수록 더 평화로운 국가로 평가된다. 2021년 GPI 분석 결과 세계에서 가장 평화로운 나라는 아이슬란드(1.1점)이고 한국은 57위(1.877점), 북한은 151위(2.923점), 미국은 122위(2.337점)로 평가되었다. GPI는 말 그대로 세계적인 차원에서 평화 실태를 알 수 있지만, 국가별 지역별로도 알 수 있고 시간별 비교도 가능하다.

베트남 전쟁 종식에 합의한 파리 평화협정 서명 장면
(1973.1.27; 위키피디아 커먼스)

세 번째 분석 방법은 평화협정의 이행을 양적으로 평가하는 것이다. 미국 노트르담대학교 크락연구소Kroc Institute가 대표적인데 평화협정평가틀Peace Accord Matrix: PAM을 만들어 활용하고 있다. 연구소측은 PAM이 평화협정 이행을 모니터링하고 평가하는 세계 최대의 프로그램이라고 하는데, PAM 데이터베이스는 1989~

2012년 34개 포괄적 평화협정의 이행을 질적·양적인 방법으로 평가하였다. 평화협정이 채택될 경우 평화협정을 아래와 같은 항목으로 분류해 협정 이행 경과를 매년 평가하고 결국 10년간 종합 평가한다. 평가 항목은 정전, 검정, 선거, 수감자 석방, 개헌, 사면, 기부 지원, 분쟁해결기구, 동원해제, 사회복귀, 권력공유 과도정부, 군대 개혁, 군축, 군대철수, 난민, 경찰개혁, 국내 실향민, 준군사조직, 사회경제 발전, 민간행정 개혁, 교육개혁, 사법개혁, 인권, 분권, 언론개혁 등이다. 평화협정 이행 평가는 위와 같이 각 항목별로 완전 이행 3점, 부분 이행 2점, 약간 이행 1점, 미이행 0점으로 점수를 매기고, 이를 종합해 전체 평가 역시 0~3점 사이에서 점수를 매기는 방식이다.

스코틀랜드의 에딘버러대학교 평화협정데이터베이스 프로그램PA-X도 유사한 방식으로 평화 프로세스를 분석하고 있다. PA-X는 1990년부터 현재까지 평화협정 이행을 평가하고 있는데, 협정 전문은 물론 관련된 광범위한 자료도 제공하고 있다. PA-X 프로그램은 2021년 말을 기준으로 150개 이상의 평화 프로세스 사례에서 비롯된 1,915개의 평화협정을 보유하고 있다. 225개 이상의 항목에 걸쳐 평화협정 이행을 평가하고 있다. 평가 작업에는 국가, 지역, 분쟁 유형, 협정 이행의 단계별로 자료를 입력한다.

이외에도 평화를 양적으로 측정하는 기구는 많이 있다. 그런데 위 예에서 보듯이 양적인 방법으로 평화를 평가한다고 해도 질적인 방법을 배제하지 않고 상호 보완적으로 활용하고 있다는 데 유의할 필요가 있다. 양적 분석방법은 평화 상태와 그 변화를 보기 쉽게 이해하고 다른 사례와 비교하는데 편리하지만, 각각의 사례가 갖는 역사문화적, 정치이념적 배경과 의미를 제공해주지 못한다. 양적 연구의 한계는 질적 연구와의 상호보완을 통해 극복이 가능하다.

4. 한반도 평화는 어느 수준인가?

이와 같은 양적·질적 분석방법으로 한반도 평화를 토의해보자. 우선, 분석의 대상을 분명히 설정해야 한다. '한반도 평화'는 너무 추상적이다. 구체적으로 한반도 평화는 무엇을 말하는가? 크게 보아 한반도 평화를 두 가지 종류로 설정해볼 수 있다.

하나는 소극적 평화의 의미로 한반도 평화를 생각한다면, 1953년 7월 27일 정전협정이 체결된 이후부터 지금까지 정전체제의 평화적 전환에 관한 정치군사적 논의와 그 이행을 분석 대상으로 삼을 수 있다. 이는 위로부터의 시각으로 관련국 정부 중심의 논의에 초점을 둔다. 정전협정 이행 혹은 위반, 군사정전위원회와 같은 정전체제 관리기구의 역할, 남·북한과 미국, 중국 등 관련국들 사이의 회담과 합의 이행, 한반도 비핵화 문제 등이 관련 주제들이다. 현재 한반도 평화 관련 대부분의 논의가 소극적 평화의 관점에 서있다. 그에 비해 적극적 평화의 의미로 한반도 평화를 분석한다면, 시간은 같지만 정전체제 하에서 피해를 본 민간인의 입장과 평화를 추구하는 대중의 희망과 소원을 포함시킬 수 있다. 무엇보다 이산가족, 전쟁 포로 및 실종자, 지뢰 피해자, 안보를 이유로 한 사회경제활동의 제약이 큰 접경지역을 포함한 정전체제 하에서 겪는 모든 민간인 피해를 생각해볼 수 있다. 적극적 평화의 시각에서 한반도 평화는 전쟁 위협을 완전히 제거하는 일은 물론이거니와 개인적·집단적 차원에서 인권, 민주주의, 법치, 화해, 그리고 발전을 포함할 수 있다.

분석 대상으로서 한반도 평화를 일정하게 설정했다면, 그 다음 작업은 평화 상태를 분석하는 일이다. 여기에 질적 방법과 양적 방법을 적절히 배합한다. 위에서 소개한 크락연구소의 PAM 프로그램을 적용해 한반도 평화를 분석해볼 수 있다. PAM은 외견상 양적 방법이지만 분석하는 항목별로 관련 인물 인터뷰, 지역사회 답사, 역사 자료 및 문헌 조사와 같은 질적 분석을 결합시킬 수 있다. 가령 국군포로와 이산가족의 수와 그들의 삶을 분석할 수 있다. 한반도 평화는 평화협정이 체결되지 않고 전쟁의 포성이 완전히 멎지 않은 상태이기 때문에 전쟁의 위협을 줄여가는 정치군사적 신뢰가 무엇보다 중요하다. 이에 관해 남북한의 군사력과 군사비 규모, 회담 내용과 수, 그리고 미국과 중국의 한반도 정책을 양적·질적 방법으로 분석할 수 있다. 정전체제가 70년 가까이 되므로 그동안의 추이와 패턴을 찾아낼 수 있다.

마지막 세 번째 작업이 분석에 기초한 평가이다. 소극적 평화이든, 적극적 평화이든 한반도 평화와 관련한 양적·질적 분석은 결국 지금까지 관련 당사자들이 평화에 기여한 점과 평화에 역행한 점을 만들어왔다. 당사자들의 역할도 비교 평가해볼 수 있다. 이를 통해 한반도 평화 구축을 위해 더 추진해야 할 과제와 경계할 일을 가려내고, 당사자들 전체의 과제와 개별적인 역할도 도출할 수 있을 것이다.

5. 맺음말

평화가 다양한 성질과 얼굴을 갖고 있기에 평화를 분석 평가하는 방법도 다양할 수밖에 없다. 여기서는 크게 질적 방법과 양적 방법으로 나누어 평화를 분석하는 예를 소개하였다. 어떤 방법을 선택할지는 연구하는 목적과 대상에 의존할 것이다. 그러나 어떤 경우이든 양적인 방법과 질적인 방법을 상호 보완적으로 활용하면 연구목적에 더 부응할 것임을 강조해두고 싶다. 다만, 현실적인 한계가 있다면 상대적으로 더 이점이 있다고 판단하는 방법을 채택할 수밖에 없을 것이다.

현재 한반도는 평화로운가, 평화로운 한반도를 만들려면 어떻게 해야 하는가? 평화를 향한 뜨거운 가슴이 평화를 일구는 토양이 되려면 평화를 분석하고 평가하는 이성의 도구를 충분히 갖추고 있어야 할 것이다. 물론 평화를 분석하고 평가하는 방법에는 양·질적인 방법만이 아니라, 비교연구, 사례연구, 이론적 접근, 참여관찰, 문헌분석 등 다양한 방법이 있으므로 관심 있는 사람들은 그런 방법들도 공부해보면 좋을 것이다.

■ 토론주제

• 평화를 분석하는 방법들을 소개하고 그 특장점을 토의해보자.
• 내가 선호하는 평화 분석방법을 소개하고 그 이유를 말해보자.

■ 참고자료

관련기구
• 유엔 평화구축 ＜www.un.org/peacebuilding＞
• 미국 노트르담대학교 크락연구소 ＜https://peaceaccords.nd.edu＞
• 스웨덴 웁살라대학교 분쟁데이터프로그램 ＜https://ucdp.uu.se＞
• 스코틀랜드 에딘버러대학교 평화협정데이터베이스 ＜www.peace-agreements.org＞
• 경제평화연구소 ＜https://www.economicsandpeace.org＞
• 통일부 이산가족정보통합센터 ＜https://reunion.unikorea.go.kr＞

추천도서
• 이성우 외. 『세계평화지수 연구』. 2009. 오름.
• 서보혁·강혁민 엮음. 『평화개념 연구』. 2022. 모시는사람들.

동영상
• (Youtube) 북핵 해결 기대감 고조...6자회담 부활하나? YTN (2018. 3.13.)
• (Youtube) 세션3-1 한반도 평화구축을 위한 민간협력 방안 2020 한반도국제평화포럼 (2020.9.7.)

제2부. 평화의 영역

Ⅳ. 정치군사적 평화

■ 학습목표

정치군사적 측면의 평화가 무엇인지 이론과 사례를 통해 이해한다.

1. 들어가는 말

Ⅳ장부터 Ⅶ장까지는 평화의 영역을 알아본다. 이 장에서는 정치군사적 측면의 평화, 즉 정치와 군사 분야에서 평화란 어떤 것인지를 논의해 보도록 하자. 우리가 보통 평화라고 말할 때는 소극적 평화, 곧 전쟁과 같은 물리적 폭력이 없는 상태를 한다. 그러므로 이 장에서 말하는 군사적 평화가 보통 말하는 평화에 다름 아니다. 그런데 이 장의 제목을 정치군사적 평화라 한 것은 평화가 정치와 뗄 수 없는 밀접한 관계에 있기 때문이다. 국내적 차원이든 국제적 차원이든 적대관계에 있는 집단들 사이에서 평화는 분쟁 종식(군사적 측면)과 분쟁집단 간 관계 회복(정치적 측면)을 아우르고 있다.

정치적 평화와 군사적 평화의 밀접한 상호관련성을 전제로 하되 편의상 본문에서는 두 평화를 나누어 살펴보고자 한다. 두 평화는 다시 국내적 차원과 국제적 차원으로 나누어 생각해보고, 이들 논의를 한반도에 적용할 경우도 토의해볼 것이다.

2. 정치적 평화

  정치적 평화란 정치적 측면 혹은 영역에서 나타나는 평화를 말한다. 정치란 "가치의 권위적 배분"이라는 유명한 정의가 있다. 이때 가치란 부와 같은 가시적인 것과 명예와 같이 비가시적인 것을 포함할 수 있다. 이를 염두에 두고 정치적 평화를 다시 정의해본다면, 그것은 경쟁하는 정치 집단들 간의 상호 인정을 바탕으로 가치 배분을 둘러싼 합법적이고 예측가능한 게임으로 볼 수 있다.

  국내적 차원에서 정치적 평화를 생각해보자. 이 경우도 분쟁을 겪은 사회와 분쟁을 겪지 않는 사회로 나눠 생각해볼 수 있다. 분쟁을 겪은 사회에서 평화는 죽고 죽임을 자행한 집단들이 상호 실체를 인정하는 것이 대전제이다. 북아일랜드의 평화 프로

2011년 5월 23일, 오바마 미국 대통령 일행이 성금요일 평화협정 체결을 기념하는 식수를 북아일랜드 더블린에 있는 평화의 종 옆에서 하고 있다.
(위키피디아 커먼스)

세스를 되돌아보면 친영국계 집단과 아일랜드계 집단이 상호 실체를 인정하지 않고 무장충돌을 계속하는 한 그 어떤 평화도 기약할 수 없었다. 1970년대부터 협상이 간헐적으로 이어져 왔지만 상호 실체를 인정하는 태도는 1998년 성금요일협정 채택까지 뚜렷하지 않았다. 총을 내려놓고 대화와 타협으로 분쟁을 종식할 때 정치적 평화를 시작할 수 있다.

그러나 분쟁집단들 간 상호 실체를 인정하는 것만으로는 정치적 평화를 보장할 수 없다. 상호 인정의 바탕 위에, 무력충돌로 자기 이해를 관철하려던 관행을 합법적이고 예측가능한 방법으로 전환할 때 정치적 평화가 뿌리내릴 수 있다. 총을 내려놓은 후에는 분쟁집단들이 대화와 타협을 통해 헌법을 제(制)정하거나 민주적 선거를 거쳐 정당을 설립하고 정부를 구성하는 일이 과제이다. 선거와 정부 구성 과정에서 분쟁의 원인을 규명하고 분쟁 중 발생한 수많은 피해를 치유하는 법제도를 만들어 대중의 지지와 참여 하에 평화구축으로 나가야 한다. 법치에 의한 경쟁은 분쟁을 겪지 않은 사회에서는 당연한 원칙이지만, 그런 사회에서도 사회집단 간 갈등을 정치사회가 조정하지 못하고 심지어는 폭력으로 비화할 경우 정치적 평화는 요원해진다.

2020~21년 미국 대통령 선거 과정에서 나타난 정치적 폭력은 미국 민주주의제도의 이탈로 기록되겠지만, 법치가 작동하는 사회에서는 정치적 평화를 기대할 수 있는 것이다. 민족이나 종교, 언어를 달리하는 집단들이 한 국가를 구성하는 경우 사회적 약자나 소수집단에 대한 보호와 배려가 없으면 그것은 사회적 갈등을 넘어 정치적 평화를 위협한다.

국제적 차원에서도 정치적 평화를 생각해볼 수 있다. 국제정치에서 평화는 전쟁 위험을 제거하고 적대 혹은 갈등관계에 있는 나라들이 관계를 개선·발전시켜나갈 때 기대할 수 있다. 국제적 차원에서 정치적 평화란 평화로운 국제환경에서 모든 국제 행위자들이 우호협력을 전개하는 상태를 말한다. 이때 국제 행위자는 국가가 대표적인 예이지만 국제기구, 기업, 전문가집단, 심지어 무장정치집단도 포함된다. 다민족국가에서 분리독립을 추구하는 민족의 경우 폭력을 정치적 수단으로 이용하기도 한다.

역사와 이념과 같은 이유로 수십 차례의 분쟁을 거치면 오랜 앙숙관계, 즉 장기분쟁protracted conflict 상태에 놓인 사례를 지금도 어렵지 않게 볼 수 있다. 이스라엘-팔레스타인, 인도-파키스탄, 이란-이라크, 남북 키프러스, 러시아와 우크라이나, 그리고 남북한 관계관계가 그 예이다. 이런 적대관계에 놓인 나라들은 적대의식을 청산하고 상호 관심사를 평화적으로 해결하는 방향성에 합의하고, 그 방법을 함께 만들어 실행할 때 평화를 기약할 수 있다. 물론 적대관계에 있는 나라들 사이의 정치적 평화는 관계 정상화가 최고의 방법이지만 그것이 가능하려면 상호 인정 위에 신뢰를 형성하는 노력을 축적해나가야 한다. 그렇다면 정상적인 관계를 맺고 있는 국가들과 같이 경제 교역과 다양한 인적 교류를 활발히 전개하면서 우호협력관계를 발전시켜 갈 수 있다.

정치적 평화를 가져오는데 필수적인 요건으로는 상호 존재를 인정하는 공감이다. 공감은 원만한 인간관계에서 중요한 덕목이기에 분쟁집단 간이나 국제관계에서 공감을 평화의 요건으로 삼는 것이 낭만적이라 비판할 수도 있다. 물론 분쟁집단 간 오랜 불신과 국제정치의 무정부성anarchy을 감안할 때 공감만으로 평화를 추구하기에는 한계가 있다. 자기 집단과는 다른 민족성, 종교적 배경 혹은 이념적 차이는 편협한 자기 정당화에 이용할 수는 있어도 민주주의와 평화를 저해한다. 어떤 경우이든 공감 없이는 평화를 기약하기 어렵다. 특히 분쟁을 치르고 대립해온 상대방의 존재를 인정하는 것은 불필요한 오해로 빚어질 분쟁의 지속 혹은 재발을 예방하고, 공존과 공동이익으로 나아가는 발판이 된다. 사실 대립을 지속해온 관계에서 서로의 정체성을 인정하면 그동안 대립해온 핵심 문제에 대한 대화에 집중할 수 있다.

3. 군사적 평화

평화를 정의할 때 가장 익숙한 분야가 군사적 평화가 아닐까 싶다. 전쟁 없는 상태를 군사적 평화로 정의할 수 있기 때문이다. 그렇지만 전쟁이 없더라도 군사적 평화와 거리가 먼 현상은 어렵지 않게 말할 수 있다. 전쟁 준비를 하거나, 국경지대에서 비방이나 군사연습을 실시하거나, 대사관 철수와 같은 외교적 공세나 경제제재는 군사적 평화를 위협할 수 있는 예들이다.

국내적 차원에서 군사적 평화는 내전을 겪은 사회의 경우 무장해제, 분쟁집단 전투원의 동원해제 및 사회복귀DDR가 이루어진다면 달성됐다고 볼 수 있다. 그렇지만 현재 콜롬비아가 보여주듯이, 평화협정을 맺었지만 일부 분쟁집단이 DDR에 동참하지 않고 평화구축에 나서는 사람들을 살해하는 것은 명백히 평화에 반하는 현상이다. 그것이 군사적 평화 위반인지 사회적 평화 위반인지는 토의가 더 필요하겠지만 말이다. 분쟁 후 사회에서 군사적 평화는 정부가 법에 근거해 공권력을 독점적으로 행사할 때 이루어진다. 이는 분쟁 없는 정상적인 국가에서는 당연시되는 문제이다. 다만, 형식적으로는 민주국가이지만 실제로는 권위주의 통치를 자행하는 정권에서는 군대와 경찰이 정치적 반대 인사를 비롯해 민간인 사찰, 불법 구금 및 고문, 나아가 시민들의 의사표현 및 집회결사의 자유를 억압하는 일이 발생한다. 이들 권위주의 정권의 정치적 지지 기반은 대내적으로 소수 기득권 세력과 함께 강대국의 권력집단과 연루되기도 한다. 냉전 시기 반공 권위주의 정권의 국가폭력은 미국과 소련의 정보·안보 기구의 지원과 연결된 사례들이 적지 않았다. 즉 한 국가 차원의 군사적 평화는 민주주의, 특히 군에 대한 문민통제가 작동할 때 구현될 수 있다.

국제적 차원의 군사적 평화는 국제 행위자들이 전쟁 없이, 또 전쟁 위험을 비롯한 국제사회의 불안 요인을 폐지해나가는 노력으로 획득할 수 있다. 전쟁을 치른 국가들 사이의 적대관계를 해소하고 관계를 정상화해 우호협력관계로 나아갈 때 평화를 기약할 수 있다. 2차 세계대전 후 독일과 프랑스의 평화협정 체결과 베트남 전쟁 20여 년 후 미국과 베트남의 관계정상화가 대표적인 예이다.

군사적 평화에 국한해서 볼 때는 군비통제가 대표적인 방법이다. 냉전시대 미국과 소련이 자유진영과 공산진영을 이끌며 대결하였지만 핵무기와 재래식무기에 걸쳐 군비 감축과 검증 협상

전 세계 비핵지대화를 목표로 하는 핵군축회의의 한 장면 (위키피디아 커먼스)

을 전개한 것이 더 이상의 세계대전을 예방하는데 기여하였다. 국제적 차원에서 군사적 평화의 또 다른 예는 군대가 민간의 삶에 도움이 되는 역할을 하는 것에서도 찾을 수 있다. 인간안보 human security라 불리는 식량, 보건, 환경 문제와 그로 인해 발생하는 대량 사망 및 이주 문제에 군대가 개입해 평화적인 방식으로 대중의 생존과 복리에 도움을 줄 수 있다. 분쟁 후 사회에서 분쟁 재발을 방지하고 정치 안정과 사회 재건을 위해 활동하는 유엔 평화유지군도 군사적 평화를 만들어가는 좋은 예이다.

냉전 시기 유럽과 대서양 전역에서 진영을 막론하고 35개 국가들이 1975년부터 유럽안보협력회의CSCE라는 틀에서 모였다. 이들이 냉전 시대 이념에 의한 상호 차이 하에서도 군사연습, 무기도입, 병력 등을 제한하고 검증하는 방안과 다방면에서 민간 교류를 협의해 시행한 것은 국제적 차원의 군사 평화의 좋은 예이다. 이런 지역 차원의 군사적 평화는 이제 여러 대륙에서 전개되어 역내 군사적 긴장완화는 물론 비핵지대화를 만들고 지역안보협력기구를 설립하는 성과를 이루어냈다. 그러나 냉전시대 유럽에서의 CSCE 경험이 탈냉전시기 동아시아에는 아직 나타나지 않고 있다. 이념, 영토적 갈등을 해결하는 협상, 역내 세력균형, 상호 이해관계의 공동 추진, 이를 추진할 지도력 등이 역내 군사적 평화를 가늠할 변수들이다.

4. 한반도의 정치군사적 평화

한반도에서 그려볼 수 있는 정치군사적 평화는 무엇일까? 여기서 한반도는 국내와 남북관계, 둘로 나누어 생각해볼 수 있다. 국내적 차원에서 정치군사적 평화는 민주주의의 심화 발전과 동전의 양면을 이룬다. 그에 비해 남북관계 차원에서 정치군사적 평화는 정전체제의 평화적 전환과 한반도 비핵화 등 갈 길이 멀다.

먼저, 정치적 평화를 생각해보자. 국내적으로는 87년 이후 민주주의의 제도화에 힘입어 합법적이고 평화적인 방법으로 정치적 경쟁과 타협이 이루어지고 있는 점은 긍정적인 면이다. 지역차별 및 갈등이 거의 사라진 것도 마찬가지이다. 그에 비해 경제적 양극화, 차별과 혐오, 그리고 이념 대립을 정치사회가 조정·해결하지 못하고 오히려 재생산하는 행태는 정치적 평화와 거리가 멀다. 전통적인 갈등 요소인 정치·이념·경제적 대립이 해소되지 못한 채 탈산업화에서 나타나는 다양성을 정치제도에 반영하지 못하고 이분법적인 정치갈등이 지속되는 점도 정치적 평화를 방해하고 있다.

남북 간 정치적 평화는 정치적 신뢰와 동전의 양면을 이룬다. 남북 간에 정치적 평화는 제도적 수준에 이르지 못한 채 계기별 이벤트를 넘어서지 못하고 있다. 무엇보다 남북관계가 대화와 대립, 협력과 대결을 오가면서 예측가능성이 낮고 체제경쟁 의식에서 벗어나지 못해 상호 불신의 골이 깊다. 몇 차례 있었던 남북 정상 간 합의도 거의 이행하지 않은 채 안보문제로 인해 대화의 창마저 닫히기 일쑤이다. 그런 한계 속에서도 남북이 2018년 이후에는 과거와 같이 상호 체제와 최고지도자에 대한 원색적 비방이 크게 줄어들었는데, 이것이 남북 간 정치적 신뢰 조성 노력의 효과인지 생각해볼 일이다. 남북 간 정치적 신뢰가 정치적 평화를 안내한다면 신뢰를 높여나가면 정치적 평화를 달성할 수 있을 것이다.

그럼 신뢰를 높여가는 방법은 무엇인가? 첫째 상대를 인정하고, 둘째 핵심 이해관계를 조율해 타협을 추구하고, 셋째 합의한 것을 이행해나가고, 넷째 지도자들 간에 소통을 계속해나가는 것이다. 이 네 요소는 남북관계는 물론 어떠한 국제분쟁 사례를 평가하는데도 적절한 기준이 될 수 있다.

다음으로 군사적 평화를 생각해보자. 국내적으로는 1987년 민주화 이후 35년이 경과하면서 군의 정치개입은 법제도는 물론 현실적으로도 사라져 군사적 평화는 높은 수준이라 볼 수 있다. 다만, 검찰과 경찰 같은 공권력에서 합법과 불법의 경계를 넘나들면서 인권을 억압해온 잔재가 남아있다.

남북 간에 군사적 평화는 아직 요원하다. 무엇보다 한국전쟁의 완전한 종식이 이루어지지 않은 채 군사적 대치 상태가 계속되고 있다. 한국은 경제·기술 발전에 힘입어 군비증강에도 세계 10위권 내로 들어섰고, 북한은 재래식 무기의 열세를 핵무기 개발로 상쇄하고자 한다. 21세기 들어 동북아시아는 세계에서 군비경쟁이 가장 치열한 지역이다. 미국과 중국의 패권경쟁 구도 하에서 남북 군비경쟁은 군사적 평화와 함께 정치적 평화를 위협하고 있다. 정치적 평화와 같은 방식으로 군사적 평화에서도 남북은 상호 합의한 신뢰구축 방안을 이행해나가야 할 것이다. 2018년 9월 19일 평양 남북정상선언 직후 두 정상이 지켜본 가운데 남북 군 책임자들이 서명한 '9.19 남북 군사합의서'의 이행이 그것이다.

5. 맺음말

본문의 논의를 통해 정치적 평화와 군사적 평화는 서로 뗄 수 없는 관계임을 알 수 있다. 그래서 두 영역의 문제를 나누어 않고 정치군사적 평화로 묶어 살펴보았다. 특히 적대관계에 있는 집단들 사이에는 분쟁 종식과 분쟁집단 간 관계회복이 서로 깊이 맞물려 있다. 내전을 거친 분쟁 후 사회에서든, 전쟁을 치른 국가 간이든 이들 사이의 평화는 평화협정과 관계정상화를 거쳐 합의한 바를 이행하면서 신뢰를 쌓고 상호이익을 공유해나갈 때 확립되어간다.

한반도에서 정치군사적 평화는 대내적으로는 87년 민주화 이후 문민통제의 제도화와 민주주의의 공고화로 발전하고 있지만, 남북 간에는 아직 갈 길이 멀다. 대내적으로는 민주화가 진전하면서 정치적 평화에 관심이 높지만 지역, 이념 대신 경제, 세대가 새로운 갈등 요소로 부상하고 있다. 남북과 같은 적대관계에서 정치군사적 평화를 추구할 때는 상호 실체 인정 하의 신뢰구축이 최선의 길이다. 최선의 신뢰구축 방안은 상호 합의한 바를 이행하고 그 과정에서 대화를 늘려가는 것이다.

■ 토론주제

• 정치적 평화란 어떤 상태를 말하는지 예를 들어 말해보자.
• 군사적 평화를 이루기 위한 방법을 토의해보자.
• 정치적 평화와 군사적 평화를 함께 다루는 이유를 말해보자.

■ 참고자료

관련기구
• 통일연구원 ＜www.kinu.or.kr＞
• 국립외교원 ＜www.knda.go.kr＞
• 유엔 안전보장이사회 ＜http://www.un.org＞

추천도서
• 김연철. 『협상의 전략』. 2016. 휴머니스트.
• 임동원. 『피스메이커: 남북관계와 북핵문제 25년』. 2015. 창비.

동영상
• (Youtube) 핵과인간10 − 고르바초프와 레이건 평화네트워크 (2019. 2.13.)
• (Youtube) 역사다시보기 − 6월민주항쟁 민주화운동기념사업회 (2011. 1.31.)

Ⅴ. 사회경제적 평화

■ 학습목표

사회경제적 측면에서 누릴 수 있는 평화가 무엇인지를 구체적으로 이해한다.

1. 들어가는 말

사회경제적 측면에서 누릴 수 있는 평화는 무엇일까? 이 질문
에는 다양한 답이 나올 수 있을 것이다. 응답하는 사람의 시각에
따라, 그리고 설정하는 사회 형태에 따라 사회경제적 평화를 다
르게 생각할 수 있다. 여기서는 주관적인 논의를 자제하고 논의
의 구체성을 높이기 위해 논의 대상을 분쟁을 겪은 사회와 그렇
지 않은 일반적인 사회, 두 경우로 설정해 생각해보고자 한다.

그럼에도 어느 사회에서든 사회경제적 평화는 평등을 본질로
한다. 평등은 자유와 동전의 양면을 이루면서 인간의 존엄성을
구현할 보편가치이자, 다양한 불평등과 차별을 성찰하고 그 극
복 방향을 제시해주는 좌표이기도 하다. 물론 이때 평등은 개인
과 집단의 능력 차이를 부정하는 절대적인 의미가 아니다. 평등
은 각자의 능력을 발휘할 공정한 기회를 보장하고, 그렇다 하더
라도 약자의 위치에 처한 사람들이 인간으로서의 존엄성을 보장
받고 역량을 발휘할 수 있도록 해주는 사회 제도와 의식을 포함

한다. 아래에서는 사회적 평화와 경제적 평화를 나누기 어렵지만 편의상 둘로 나누어 논의해 보도록 하자.

2. 사회적 평화

사회적 평화란 사회집단 간에 공정하고 협력적인 관계를 형성해 사회 구성원들이 평등하고 상생하는 상태를 말한다. 그런 사회적 평화에는 사회 구성원들이 합의해 추구하는 목적, 그 달성을 위한 집단 간 역할, 그리고 그 결과에 대한 조정이 포함된다. 사회적 갈등은 집단들 간 불평등을 바탕으로 하지만 그 배후에는 이와 같은 사회적 평화를 구성하는 요소들에 대한 합의가 없거나 그것들이 특정 집단에 유리하게 되어 있기 때문이다.

분쟁 후 사회에서 사회적 평화는 무엇일까? 분쟁을 치른 사회에서 평화는 서로 총부리는 겨누었던 집단들 사이에 적대감을 해소하고, 각양의 상처를 치유하고, 상호 존중 하에 평화를 '다 함께' 만들어갈 때 기약할 수 있다. 분쟁 후 사회의 평화는 그렇지 않은 일반적인 사회보다 평화를 달성하는데 더 많은 노력이 필요하다.

그런 경우 사회적 평화는 두 가지 측면이 성립할 때 이루어진다. 그 하나는 사회적 평화를 수립하는데 필요한 요소(필요조건)이고, 다른 하나는 사회적 평화를 완전하게 영위하는데 필요한 과제(충분조건)이다. 사회적 평화의 필요조건으로 화해를, 충분조건으로 협력을 생각해볼 수 있다. 화해는 분쟁집단들 사이에 존재하는 적대와 분노를 내려놓고 진실규명을 통해 인정, 사과, 배상, 기억을 하면서 건설적이고 미래지향적인 관계를 형성하는 일련의 노력을 말한다. 분쟁 과정에서 자행된 범죄-전쟁범죄, 민간인 학살, 반인도적 범죄 등-의 진실과 책임을 규명하고 책임자의 사과를 전제로 분쟁 재발 방지와 피해자들에 대한 치유·배상, 그리고 미래를 향해 협력해나갈 때 사회적 평화를 향해 갈 수 있다.

그렇지만 화해만으로 사회적 평화를 달성하기에는 한계가 있다. 분쟁에 참여했던 모든 집단들이 '다함께' 협력할 때 평화를 달성할 수 있다. 이때 협력은 당위가 아니라 분쟁집단들의 이해과 관심사를 이해하고 그것을 평화 프로세스에 반영해 함께 추진해나가는 것을 말한다. 그 길에 특정 집단이 불참하거나 혹은 배제된다면 그 평화 프로세스는 불안정하고 좌초할 가능성이 높다. 이 두 조건이 충족될 때 분쟁 후 사회의 평화를 기약할 수 있다.

인종차별 반대 시위에 나선 사람들 (2020.6.6 호주 브리즈번; 위키피디아 커먼스)

한편, 오늘날 분쟁을 겪지 않는 사회 현실을 보아도 사회적 평화가 큰 도전에 직면해있음을 알 수 있다. 경제적 양극화에 따른 계급 간 갈등을 비롯해 혐오와 배제, 폭력적인 이익 추구행위, 그리고 정치권력과 관련된 사회집단 간 갈등도 어렵지 않게 볼 수 있다. 그런 상황에서는 사회적 평화를 어떻게 만들어갈 것인가에 앞서, 사회 구성원들이 어떤 상태를 사회적 평화로 볼 것인지에 대한 폭넓은 합의 형성 노력이 우선이다. 이는 사회집단들이 사회의 유지 및 발전에 서로 필요할 뿐만 아니라 상호보완적인 관계라는 인식을 깨달아가는 과정이기도 하다.

인종차별은 근대 인류가 낳은 부끄러운 사회적 폭력의 대표이다. 오랜 기간 흑인들에 대한 차별, 가장 대표적인 예로 남아프리카공화국에서 자행되었던 제도적인 흑인 차별Apartheid과 미국에서의 인종 차별은 익명이 높았다. 이런 차별은 억압과 저항의 연쇄 작용을 일으키며 정치적 폭력으로 비화되었을 뿐만 아니라 경제 발전에도 지장을 초래하였다. 오늘날 이들 두 나라와 세계 다른 곳에서도 노골적인 인종차별은 크게 줄어들었고 그런 차별은 국내외 인권 법규에 의해 처벌 대상이 된다. 남아공과 미국에서는 과거 인종차별에 대한 기억과 교육을 통해 잘못된 역사를 반복하지 않도록 노력하고 있지만, 의식과 관행에서는 완전히 사라지지 않고 있다. 특히 경제 상황이 좋지 않거나 정치적 이익을 추구함에 있어서 특정 인종이나 사회적 소수집단에 대한 공격이 일어나는 현상을 어렵지 않게 볼 수 있다. 사회적 평화는 사회 모든 구성원들의 자각과 노력이 필요하고, 경제적 평화와 연결되어 있음을 알 수 있다.

나와 함께 상대의 존재를 있는 그대로 인정하고(공감), 현재와 미래에 걸쳐 적절한 관계를 형성해나가고(공존), 각자의 이익을 존중하되 그것들을 사회 차원에서 함께 추구해나갈 때(공영) 사회적 평화를 달성해갈 수 있다. 공감, 공존, 공영의 3공이 바로 사회적 평화의 주요 구성 요소이다. 이와 같이 만들어지는 사회적 평화에서는 인간이 피부색, 성, 학력, 출신 지역과 민족, 그리고 사회적 지위 등에 의해 부당하게 차별받지 않고 존엄성을 인정받고, 자기의 역량을 자유롭게 발휘할 수 있게 된다. 소수민족, 사회적 약자, 저임금, 저학력, 여성, 노인이라고 차별받고 심지어 혐오의 대상이 되는 것은 사회적 폭력에 다름 아니다. 다름을 풍부함의 요소로 존중하고, 불리하고 불편한 입장에 있는 사람도 존엄한 존재로 인정하고, 갈등의 상대를 협력의 파트너로 대하는 태도, 이 모두가 사회적 평화의 요소이자 징표이다. 사회적 평화를 달성하기 위해서는 그 목표에 대한 공감대 형성과 함께 사회 구성원들이 민주인권의식을 높여나가는 것이 필수 요건이다.

3. 경제적 평화

경제적 평화란 경제적 측면에서의 평화, 혹은 평화가 경제 영역에서 구현된 상태를 말한다. 오늘날 경제는 기업과 대중 그리고 국가 등이 주체가 되어 재화의 생산 및 소비, 유통에 관한 현상으로 정의하고 있다. 경제란 말은 동양에서는 "경세제민(經世濟民)", 서양에서는 "집안 살림하는 사람oiko nomos"에서 각각 유래하였다. 즉 동양에서 경제는 세상을 경영하고 백성을 편안하게 하는 일이고, 서양에서는 가계를 안정시키고 풍요롭게 하는 행위를 말한다.

이렇게 본다면 경제는 오늘날 말하는 사회의 특정 영역에 한정되지 않고 위에서 말한 사회적 평화나 그 기본단위인 가정의 안정을 포함하고 있다. 이는 사회적 평화와 경제적 평화가 밀접하게 연관되어 있음을 확인시켜주는 동시에, 경제적 평화가 개인, 가정, 그리고 사회 전체 차원의 조화와 협력, 평등한 관계를 내포하고 있음을 말해준다. 이를 염두에 두면서 여기서는 경제적 평화를 사회 구성원들이 사회생활을 영위해나가는 데 있어 기본적인 물질적인 조건을 영위하는 상태로 정의한다.

제2차 세계대전의 폐허에서 복구에 나서는 영국인들 (위키피디아 커먼스)

분쟁 후 사회에서 경제적 평화란 대중의 기본적 필요basic needs를 충족시키는 것을 말한다. 대중의 기본적 필요란 어떤 경우이든 한 사람이 인간으로서 삶을 영위해가는 데 기본적으로 필요한 조건을 말한다. 그것은 의식주와 안전과 같은 물질적 요소와 인정, 소속감과 같은 심리적 요소를 포함한다. 분쟁 후 사회는 농토, 공장, 기업, 학교 등 경제활동과 관련된 인프라가 파괴되고, 분쟁집단들 간에 적대와 불신이 가시지 않아 결국 사회 구성원들 대다수가 생존과 존엄이 바닥에 떨어져 있다. 특히, 분쟁으로 사망하거나 부상당한 가정의 경제는 열악하기 짝이 없다. 대량폭격이나 방사능 피해를 본 지역사회의 경제도 마찬가지이다.

그러므로 분쟁 후 사회는 재건과 통합을 추구하지만 그것을 위해 필요한 우선적인 과제 중 하나가 기본적 필요의 충족이다. 사회 구성원들이 최소한의 생존과 존엄을 확보할 때 소극적 평화를 굳건히 하고 적극적 평화를 추구할 수 있기 때문이다. 그러나 분쟁 후 사회에서는 기본적 필요조차 달성하기 어려울 수 있다. 사회집단들 간 존중과 협력, 국제사회의 지원, 이를 평화로 연결짓는 지도력이 중요한 이유가 여기에 있다.

분쟁 없는 사회에서도 경제적 평화는 중요한 과제이다. 부익부 빈익빈 현상이 자본주의 사회에서 필연적인 현상인지는 논쟁적인 주제이다. 오늘날 경제의 세계화로 빈익빈 부익부 현상이 세계적 차원의 남북문제Global North-South problem로 확대되고 있는데, 여전히 본질은 계급 간 불평등 심화이다. 가령, 극소수의 부유층이 대다수 부를 독점하는 현상은 세계적 차원과 국가적 차원에서 다같이 발견된다. 도시와 공업 발전을 위한 농촌과 농업의 희생, 그리고 다민족국가의 경우 다수민족의 우월적 지위 유지를 위한 소수민족과 이방인들의 희생은 경제적 평화를 좀먹는 요인이다. 집단 간 불평등에 따른 갈등을 정치적으로 이용하는 행위는 사회적 평화를 저해하고 문제의 본질을 불평등의 피해자들 간의 싸움으로 은폐한다.

성장과 복지가 선순환하는 사회에서는 경제적 평화 수준이 높다. 그에 비해 저발전과 양극화, 거기에 분쟁과 같은 사회 갈등 요인이 높은 사회의 경제적 평화는 낮다. 그렇지만 사회경제적 평화 수준이 낮은 원인을 그 사회 내에서만 찾을 수는 없다. 저발전국의 노동력과 자원을 착취하고 수탈해간 제국주의 역사와 통상·금융제도를 이용해 부를 합법적으로 앗아가는 '선진국들'이 주도하는 신자유주의 경제제도의 문제도 크기 때문이다. 코로나19 팬데믹이 지속되는 가운데 백신 접종률의 격차가 선진국과 후진국 사이에 1:90 수준이라는 현상은 글로벌 사회적 평화의 먼 길을 말해준다.

분쟁 후 사회이든, 일반 사회이든 경제적 평화는 모든 사회 구성원들이 인간다운 삶을 향한 최소한의 물질적 조건을 획득하고 영위하는 상태를 말한다. 그런 상태를 달성하기 위해서는 분쟁의 피해집단과 사회적 약자에 기본적 필요를 제공하고 그들이 사회생활을 영위해나갈 역량을 갖추어 있어야 한다.

사회적 평화와 경제적 평화는 밀접하게 붙어 있다. 이는 사회적 폭력이 경제적 폭력과 연관되어 있음을 말한다. 지역이나 민족, 혹은 종교·이념 등으로 분열된 사회에서 차별과 배제를 받는 집단은 경제적으로도 최소한의 인간다운 삶을 영위하지 못하는 경우가 많다. 이들 집단에 대한 차별과 억압을 통합과 배려로 전환하지 못하면 사회·경제적 평화는 기대하기 힘들다. 독일은 통일 후 동독지역에 대한 경제발전을 추구했지만 동독인들에 대한 차별이 오래갔다.

한국도 20세기까지 지역차별이 만연했고 지금도 성차별이 성행하고 있다. 분단으로 북에 가족을 두고 한 사람들이 '빨갱이 가족'으로 손가락질 받고 살아온 이산가족들의 차별과 힘든 삶은 우리들의 아픈 과거였다. 그렇지만 과격 이슬람 근본주의 집단인 ISIS 대원의 가족들이 사회로부터 받는 차별과 학대는 오늘의 일이다. 결국 한 개인과 가족 차원의 사회·경제적 폭력은 그 국가 나아가 국제관계 차원의 구조적 문제의 일부이다. 그러므로 사회·경제적 평화는 관련 집단은 물론 국가와 국제사회의 공동 노력으로 극복가능하다. 특히, 세계적인 기후·보건위기 시대에 사회·경제적 평화는 더욱 국제사회의 관심사로 부상하고 있는 것이다.

4. 한반도의 사회경제적 평화

경제적 평화의 관점에서 볼 때 한국사회는 그 수준을 높게 평가하기 힘들 것이다. 물론 경제성장, 국민소득과 같은 양적 크기를 놓고 본다면 한국은 세계 10위권에 진입한 '선진국'이다. 그러나 평화는 관계를 전제한 개념이다. 경제적 평화에 대한 정의를 상기한다면 한국사회는 평등이 크게 미흡한 상태이다. 모든 사회구성원들이 존엄한 인간으로 살아가는데 필요한 물질적 조건을 갖추고 있다고 말할 수 없다. 취업률, 취업의 안정성, 최저임금이 기본적 필요를 충족하는 정도, 그리고 사회적 지위에 따른 각양의 차별 등 많은 측면에서 사회적 평화는 낮은 수준이다. 한국이 세계 최악의 경쟁사회라는 오명은 그런 현실을 극명하게 드러낸다. 앞에서 말한 3공 의식 없이 평화는 신기루에 불과할 것이다. 실용적인 차원에서도 평화의식은 필요하다. 세계적인 기후·보건위기 시대에 나와 내 가족의 평안이 이웃과 모든 사회 성원들의 그것과 맞물려 있다는 공동운명체 의식 말이다.

남북 간에 사회적 평화 개념을 적용할 수 있을까? 만약 한국전쟁을 내전으로 간주한다면 적용할 수 있을 것이다. 한국전쟁은 내전과 국제전의 성격이 공존하고 있다. 만약 체제를 달리하는 분단 70년을 감안하고 국제법상 남북이 국가 대 국가 관계임을 강조하면 남북 간에 사회적 평화 개념을 적용하기 어렵다. 그에 비해 한국전쟁을 내전으로 보고, 남북을 외세에 의해 분단되었지만 통일을 추구하는 특수관계로 본다면 사회적 평화를 상정할 수 있다. 그럴 경우 남북은 통일 코리아가 남북 간 지역 차별이 없고 반도 전역에서 구성원들이 존엄할 삶을 살아갈 경제적 조건을 함께 준비해가야 할 것이다.

이를 위해 한국사회에서 군부 권위주의 통치집단이 만들어놓았던 지역 차별을 지양해나간 경험이 큰 자산이 될 것이다. 현재 남북은 경제적으로 격차가 큰 상태이고 거기에 경제적으로 불확실성이 높다. 한국사회와 한반도, 두 차원에서 경제적 평화를 대비하는 것은 매우 심각한 도전이다. 경제적 평화의 개념과 그 실현방안에 관해 폭넓은 소통이 필요한 이유이다.

5. 맺음말

경제적 평화는 사회경제적 평화의 한 축이고, 한 사회 전체의 평화를 대비하는데 매우 중요한 요소이다. 경제는 오늘날 우리가 이해하는 범위보다 더 넓지만, 협의의 의미에서 경제는 사회 및 사회 구성원들의 생존과 발전의 물질적 조건의 향유를 말한다. 경제적 평화는 전쟁을 겪지 않은 사회에서도 경제 양극화와 그에 따른 정치적·사회적 갈등과 관련이 깊은 주제이다. 하물며 분쟁 후 사회에서 경제적 평화는 경제적 피폐와 분쟁집단 간 불신으로 조기에 달성하기 어렵다.

대중의 기본적 필요를 충족하는 것이 우선 과제이다. 대중의 생존과 사회생활의 기본 조건 확보가 인간다운 삶의 출발이기 때문이다. 지구촌의 실존적 위기가 높아진 오늘날 사회적 평화의 일국적 차원과 세계적 차원이 밀접하게 붙어있다는 점이 관심을 끌고 있다. 한국사회에서도 경제적 평화는 정치·사회적 화두가 된 지 오래이지만, 이 역시 한반도와 세계적 차원에서 두루 검토할 바이다.

■ 토론주제

• 사회적 평화란 어떤 상태를 말하는지 예를 들어 말해보자.
• 경제적 평화를 이루기 위한 방법을 토의해보자.
• 사회적 평화와 경제적 평화를 함께 다루는 이유를 말해보자.

■ 참고자료

관련기구
• 진실·화해를위한과거사정리위원회 ＜www.jinsil.go.kr＞
• 한국노동사회연구소 ＜www.klsi.org＞
• 유엔 경제사회이사회(UN Economic and Social Council) ＜http://www.un.org＞

추천도서
• 정주진. 『평화: 평화를 빼앗긴 사람들』. 2019. 풀빛.
• 히가시 다이사쿠 지음. 서각수 옮김. 『적과의 대화』. 2018. 원더박스.

동영상
• (Youtube) ＜당신이 보지 못한 한국전쟁＞ 1화 : 초토화 폭격 뉴스타파 (2021.7.27.)
• (Youtube) [연합뉴스TV 스페셜] 70회 : 아직 끝나지 않은 '위험의 외주화' 연합뉴스TV (2019.1.13.)

VI. 생태 평화

■ 학습목표

생태 평화란 무엇인지 이해하고 그 실현 방법을 습득한다.

1. 들어가는 말

2021년 11월 1~13일 영국 글래스고에서 제26차 유엔기후변화 협약 당사국 총회COP26가 열렸다. 회의장 안팎에서는 지속되고 있는 지구 온난화 현상을 꺾어 인류의 실존적 위기를 막아보자는 결의로 가득 찼다. 글래스고 총회의 최대 관심사는 세계 각국이 2050년 탄소 중립을 실현하고 기온 상승폭을 산업혁명 이전 기온에서 1.5도를 넘지 않는다는 공약 이행이다. 이에 응답해 각국이 2030년 국가온실가스감축목표NDC를 제출하는 것이 기대되었는데 온실가스 배출 규모가 큰 나라들이 협조하지 않아 지구 온난화는 레드라인을 넘을 것이 확실시되고 있다. 2022년 4월 기후변화 정부간 협의체IPCC 제6차 평가보고서는 세계 각국이 유엔에 제출한 2030년 감축 목표로는 1.5도 제한을 달성하기 어렵다고 평가했다. 같은 해 5월 세계기상기구WMO가 발표한 보고서, <2021 세계기후 현황The State of the Climate 2021>에서는 2021년 지구 기온이 산업화 이전 기온에서 섭씨 1.1도 상승했다고 평가하고 있다. 또 이 보고서는 2021년 지구가 온실가스 배출, 바다 온도, 해수면 상승, 해양 산성화, 육지 기온 상승 등 모든 면에서 기록적인 수치를 보였다고 말하며 기후위기를 경고하고 있다. 인간의 삶의 터전, 생태계가 인간에 의해 뚜렷하고 지속적으로 파괴되고 있는 것이다. 이를 에코사이드ecocide라 부른다.

지구 온난화로 상징되고 있는 환경 파괴, 혹은 생태 폭력은 그 양상이 다양하고 이제는 인간의 생존마저 위험해질 수 있는 심각한 상황에 진입하고 있다. 생태 폭력은 하늘과 공기, 땅과 물, 그리고 지구상 모든 생명에 대한 위협을 말한다. 그런데 생태 폭력의 주범은 인간이다. 환경을 살리는 일은 곧 인류의 생존과 같은 말이다. 생태 평화를 달성하려면 인간이 생태 환경을 무한한 욕망의 실현 도구로 대해온 태도에 근본적인 전환이 있어야 한다. 그렇지 않으면 생대 환경은 물론 인간의 생존도 장담하기 어렵다. 아래에서는 생태 평화가 무엇이고 어떻게 실천할 수 있는지를 생각해보고, 이를 위해 먼저 생태 폭력에 대해 알아보자. 그리고 나서 한반도에서의 생태 평화도 토의해보자.

2. 생태 폭력

2021년은 전 세계 관측소 중 400곳에서 최고의 기온을 기록했고 기후변화를 가늠하는 북극의 낙뢰(번개)가 전년보다 2배 늘어났다. 지구 온난화가 심해지면서 가뭄과 사막화, 때아닌 홍수와 추위의 엄습, 나아가 이들 현상이 나비효과처럼 서로 연결되어 동시 발생하는 경우도 어렵지 않게 볼 수 있다. 또 코로나19 팬데믹과 같은 인수공통감염병의 출현과 그 기간의 확대도 주목할 만한 현상이다.

그런 일련의 현상은 인간의 삶 자체는 물론 모든 생명체의 삶의 터전인 생태 환경을 위협하고 있다. 생태 폭력! 이것은 비단 어제오늘의 일이 아니다. 가까이는 19세기 후반 산업화, 그리고 세계전쟁과 그 이후 소비지상주의가 본격화되면서 생태계는 대량학살에 가까운 착취와 수탈의 대상이 되어 갔다. 그 원인은 무엇이고 그 최종적인 영향은 무엇일까?

"기후위기=건강위기"라고 주장하며 시위에 나선 보건의료 노동자들
(호주 멜버른 2021.3.22, 위키피디아 커먼스)

생태 폭력은 그 공간을 가리지 않고 생태 환경이 제 기능을 못하고 죽어갈 정도로 오염되고 파괴되는 일련의 현상을 말한다. 그 결과에 인간의 생존 환경 파괴도 포함되는데, 인간이 이를 무시하는 데서 비극의 심각성이 있다. 생태 폭력의 양상은 크

게 세 가지로 나눠 생각해볼 수 있는데, 공통적으로 그 밑바닥에는 인간의 무한 욕망이 자리하고 있다. 인간의 무한 욕망은 환경을 마음대로 다루어도 된다는 오만함과 환경 파괴에 대한 무감각을 배경으로 한다. 그 결과 광범위한 생태 폭력은 물론 인간집단 간 분쟁도 발생한다.

생태 폭력의 첫 번째 형태는 개발지상주의에 의한 환경 파괴이다. 인간은 감각적인 욕망, 즉 더 많이 먹고 마시고, 더 넓게 살고 즐기기 위해 환경을 파괴한다. 원시림을 파괴하고, 숲을 땅으로 바꾸고 그 땅의 소출을 늘리고 깨끗한 주택을 위해 화학물질을 살포한다. 육체적·물질적 욕구 실현을 위해 환경을 파괴한 결과 삶의 터전을 잃어버린 동물들이 인간의 생활 반경으로 들어오게 되어 코로나19와 같은 인수공통감염병이 발생하게 된다. 인토니오 구테흐스Antonio Guterres 유엔 사무총장은 한 언설에서 포유동물, 조류, 양서류, 물고기 등 지구상 1백만 종의 종들이 위기에 처해있다고 하면서, 종의 멸종 비율이 지난 1천만 년 평균보다 1만 배 높고 거기에 가속도가 붙고 있다고 경고했다.

생태 폭력의 두 번째 형태는 소비지상주의에 의한 환경 파괴인데, 이는 개발지상주의에 의한 환경 파괴와 동전의 양면을 이룬다. 더 멋진 옷과 장신구, 더 새롭고 이색적인 음식, 그리고 첨단 전자기기를 갖추기 위해 전 세계 각지의 산, 계곡, 땅, 숲이 채굴·채벌되고 있다. 그리고 같은 이유로 공장이 곳곳에 지어지면서 지역주민이 (강제)이주당하고 폐기물로 공장 일대는 오염된다. 도시, 자동차, 전력, 육식 등이 늘어가면서 온실가스 발생이 증가하고 지구온난화가 부메랑이 되어 인간 삶으로 되돌아온다. 개발 및 소비 지상주의에 의한 생태 폭력은 '자원의 저주'를 비껴가지 못한다. 자원이 풍부한 지역은 환경 파괴와 함께 대중의 삶은 더 피폐해진다. 자원이 싼 값에 부유한 나라로 넘어가는 대신 자원을 캐 가는 지역의 대중은 값싼 임금을 받을 뿐만 아니라 자원을 둘러싼 내전에 목숨이 위태롭기까지 하다.

세 번째 생태 폭력은 분쟁과 관련 있다. 분쟁은 분쟁이 일어나는 시간만이 아니라 분쟁 전후에도 생태 환경을 파괴한다. 분쟁 이전은 곧 분쟁을 준비하는 시간을 말한다. 군사력 증강은 많은 자원을 소비하는데, 자원에는 널리 알려진 광물 외에도 희귀 금속과 물을 소비하고 탄화수소를 배출한다. 군사태세를 유지하는 데도 석유와 같은 에너지를 효율이 낮게 사용하고 대규모 군대에서는 각종 유독물질을 대량 배출한다. 군대는 군사기지 설치 및 운영, 그리고 군사훈련을 하면서 많은 땅을 제거하고 오염시킨다. 핵실험을 포함한 대량살상무기 개발 시험으로 넓은 땅과 물의 오염은 물론 인근 지역 주민의 건강까지 위협한다. 전쟁이 환경에 미치는 피해는 이제 상식이 되었다. 고강도 분쟁은 대량 연료를 소비하는데 거기서 대량의 이산화탄소가 배출돼 환경에 악영향을 초래한다. 대규모 군용 운송수단의 이동과 폭발무기의 이용으로 자연 파괴가 발생함은 물론, 민간인은 사망, 건강 위협, 가정파괴, 실향 및 대량이주를 당한다. 2022년 벽두부터 시작된 우크라이나 사태는 이런 생태 폭력을 확산하고 있고, 국제사회의 기후변화 대응을 후퇴시킬 우려가 크다.

분쟁의 영향을 겪은 지역과 대중의 생존이 곧바로 영향을 받을 뿐만 아니라, 방사능 오염과 트라우마trauma 등으로 '느린 폭력'에 노출되어 장기간의 피해로 이어진다. 1970년대 미국의 베트남 침공, 2003년 미국의 이라크 침공 이후 현지 토양과 주민들, 그리고 작전에 참여했던 군인들의 장기간 피해는 대표적인 예이다. 분쟁 후에도 해당 지역은 국가의 행정능력이 미약하고 전후 복구사업의 우선순위에 밀려 생태계 복원은 많은 시간이 들거나 미뤄지는 경우도 있다. 현재 고질적인 장기분쟁 상황에 놓인 시리아, 예멘, 남수단, 이스라엘-팔레스타인 등의 경우는 이상 세 가지 형태가 결합된 심각한 생태 폭력에 직면해있다. 이들에 공통적인 생태 폭력의 특징은 그 원인이 인간이고, 그 비극적 결과가 인간에게 되돌아간다는 사실에 있다.

3. 생태 평화

위에서 간략하게 살펴본 생태 폭력은 그 범위가 방대하다는 점도 다른 폭력에 비교하기 어려운 특징이다. 그것을 극복하고 이룩할 생태 평화도 방대하고 그 길은 더 지난할 것이다. 우리들이 생각할 수 있는 대부분의 폭력/평화는 인간 사이의 문제이다. 그에 비해 생태 폭력/평화는 인간 사이는 물론 인간과 동물, 인간과 자연의 관계에서 발생하는 문제이다. 그러나 그 원인이 인간에게 있으므로 그 해결도 인간이 제시하는 것이 결자해지(結者解之)의 원칙에 맞을 것이다. 인간과 동물, 자연, 우주가 지배/피지배 관계일 때 생태 폭력이 발생한다면, 생태 평화는 둘이 동반자 관계로 전환할 때 가능하다.

생태 평화도 세 영역으로 나누어 토의해보자. 하나는 생물안보이다. 세상의 모든 '살아있는 존재(生物)'의 존재가치를 인정하고 그들 각자의 생존을 보호한다는 뜻이다. 인수공통감염병은 인간이, 인간이 아닌 생물을 살아 숨쉬는 존재로 인정하지 않는 데서 온 발생한 필연적인 결과이다. 인간이 지속가능한 생존을 하려면 인간 이외의 생명을 생명으로 인정하고 공존하지 않으면 안될 것이다. 무한정의 환경 파괴는 종다양성의 축소, 기후변화를 동반하면서 생물안보는 물론 인간의 안보도 위협하고 있다. 구테레즈 사무총장은 2021년 6월 8일 세계해양의 날 기념사에서 인간이 "자연에 대한 전쟁을 종식하는 것이 코로나19 팬데믹 종식에 중요한 일이다."고 말한 바 있다.

두 번째 유형의 생태 평화는 다종간 정의Multi-species justice인데, 인간뿐 아니라 생명 있는 모든 생물종에 존엄이 있고 서로 생존할 권리가 있다는 사고이다. 특히 동물은 살아있을 뿐만 아니라 지각 있는 존재이므로 이들도 권리가 있고, 인간을 포함한 생명체들 사이는 평등하다는 인식이 생겨났다. 오늘날 반려견이나 반려묘 학대를 금지하는 것도 동물에 권리가 있다는 공감대를 형성되면서 나타난 변화이다. 노벨문학상을 수상한 올가 토카르추크와 많은 생태보호 옹호론자들은 동물권도 법제화 하자고 주장하고 있다. 나아가 자연 자체가 과거 제국주의 국가들의 식민통치나 근대국가들의 산업화 정책으로 인한 수탈의 대상이 아니라 공존의 관계라는 인식도 생겨났다. 다종간 정의에서는 제국주의 세력이 식민지 원주민을 착취했던 일도 비판의 대상으로 삼는다. 뭇 생명을 있는 그대로 존중하지 않고 인간의 욕망을 실현하기 위한 대상으로 보는 데서 에코사이드가 발생한다는 판단이다. 위 두 생태 평화는 파괴되고 있는 지구의 회복을 가져오고 결국 인간과 생태계의 공존을 가능하게 해준다.

세 번째 생태 평화는 분쟁 종식을 통한 생태계 복원 및 보전을 말하는데, 좁은 의미에서 생태 평화란 이것을 말한다. 생물안보가 사회생물학에서, 다종간 정의가 동물학, 역사사회학, 국제인권학에서 형성된 개념이라면, 생태 평화는 평화학에서 만들어가고 있는 개념이다. 생태 평화는 분쟁이 생태 환경을 파괴한다는 반성 위에서 분쟁 종식의 중심에 생태 보호를 둔다. 생태 보전을 위해서는 분쟁 종식, 곧 인간 집단들 사이의 상호 인정과 공존이 필수적이라고 보는 것이다. 생태 평화는 분쟁에 돌입하지 않더라도, 분쟁 이전이나 이후 환경에 미칠 악영향을 방지하는 데까지 관심이 커지고 있다.

기후문제는 이제 국제 안보문제로 다뤄지고 있다. 사진은 2021년 9월 23일 기후와 안보문제를 의제로 모인 유엔 안전보장이사회 (위키피디아 커먼스)

기후위기는 이제 유엔 안전보장이사회의 의제로 올라가고 있다. 보건위기와 함께 기후위기가 국제사회의 안보와 평화를 위협한다고 판단하기 때문이다. 지구촌의 평화가 복합적이라는 이야기다. 세계은행은 기후변화에 즉각 대응하지 않으면 해수면 상승, 물 부족, 농작물 생산성 저하 등으로 2050년까지 2억 1,600만 명의 사람들이 이주를 강제당할 것이라고 경고하고 있다. 그러나 인류의 사고 및 생활 방식에 근본적인 변화 없이는 생태 평화를 달성하기 어려울 수도 있다. 한줄기 빛처럼 그나마 다행인 것은 국제사회가 평화와 발전, 인도주의, 그리고 인권이 서로 밀접하게 연관되어 있고 따라서 통합적인 접근이 필요하다고 인식하기 시작한 점이다. 생태 평화는 그 방대한 영역과 영향력, 그리고 시급성을 고려할 때 가장 우선에 놓고 노력할 과제이다.

생태 평화를 이룩하기 위해 국제사회는 기후변화 대응을 비롯하여 생물 다양성 보전, 친환경 에너지 개발, 폐기물 재활용, 식생활 전환, 저발전국의 환경보존을 위한 재정 및 기술 지원 등 많은 대책을 강구하고 있다. 그렇지만 인간이 모든 생명의 삶의 터전을 파괴하는 생활 및 생산방식을 근본적으로 전환하는 일은 더디기만 하다.

4. 한반도의 생태 평화

한반도에서 생태 상황은 어떤가? 지난 몇 년 사이에 한반도 전역에서 꿀벌이 급격하게 줄어든다는 뉴스를 접하고 있다. 이는 생태계 변화는 물론 인간의 식생활과 건강에도 영향을 줄 수 있어 우려스럽다. 더 걱정은 그 원인에 기후변화, 도시화, 서식지 축소, 환경오염 등이 꼽히는데, 이 모두는 인간의 성장 시장주의, 소비 시장주의에 근본 원인이 있다. 분명한 점은 성장을 이유로 환경을 파괴하는 생활방식을 지속한다면 생태 폭력은 가속도를 내 인간의 생존 자체를 빠르게 위협한다는 사실이다.

생태 폭력의 관점에서 볼 때 남·북한은 각기 다른 배경에서 그 실태가 심각하다. 남한은 세계 10위권에 진입한 경제발전에 따라 과대해진 소비풍조로 환경 파괴가 심각하다. 수많은 자동차와 전기전자 장비 사용, 막대한 전력 소비를 따라잡아야 하는 발전, 수려한 경관 감상을 위해 산하 곳곳에 지은 위락시설, 그리고 다양한 육식을 위한 땅의 변질 등등. 이런 현상은 산림의 축소, 토양과 물, 대기 오염을 초래해 결국 지구온난화를 지속시킨다. 환경 보호 여론이 높아지자 근래에는 '녹색경제'를 명분으로 땅의 형질을 변경하거나 핵발전을 지지하는 웃지 못할 일도 발생한다. 한국은 국가온실가스 감축 목표NDC로 2030년 온실가스 순배출량 40%(2019년 대비)를 제시했지만 이것은 전 세계 목표량 43%보다 작다.

북한지역은 평양이 급속한 현대화 개발을 하고 있다고 하지만, 대부분의 지역은 "자력갱생", "자력부강"을 위해 난개발의 우려 속에서 토양과 물의 오염이 심각한 것으로 알려져 있다. 오랜 군사적 대치 상태를 지속하는 가운데 남북의 군사기지 오염도 심각할 것이다. 전국 주한미군 기지의 이용 실태는 그보다 덜하지 않다. 비무장지대DMZ가 생물 다양성이 높다 하지만 수많은 지뢰와 비밀리 설치한 무기로 잠재적으로는 환경 파괴 우려가 매우 높다.

그런 가운데서도 국내에서는 환경 보호 여론 확산 및 법제도 도입, 생태주의 관념의 대두 등으로 생태 평화의 징후가 발견되고 있다. 오염 유발 시설 및 장치 이용을 축소하기 위한 환경세 도입 여론과 '조금씩', '천천히'와 같이 생활 및 소비방식의 전환, 동물권에 대한 지지 여론 증가 등이 눈에 띈다. 정부는 2022년 들어 2050 탄소중립, 2030 NDC 이행 계획을 수립해 이행에 착수하였다. 이를 뒷받침하기 위해 '탄소중립 산업전환 촉진 특별법'을 제정하고, 산업·에너지·수송·인프라·폐기물 등 5개 분야의 전환을 촉진한다는 방침이다.

남북 간에도 '한반도에서 완전한 비핵화'와 DMZ 평화지대화에 관한 합의가 있었고 군사적 충돌 위험이 줄어든 것도 긍정적인 현상이다. 남북한이 생태 평화를 위해 협력할 수 있는 일은 많이 있다. 남북한은 정상회담을 포함해 수차례 합의에서 식량, 산림, 보건, 하천 분야에서 협력하기로 하였다. 분쟁종식과 직접 관련되는 비핵화와 군비통제 이행도 생태 평화에 기여할 것이다. 접경지역에서의 멸종위기종 보호와 북한에서의 수질 개선과 유기농법 지원, 남북 생태연구자들의 교류도 가능할 것이다.

그렇지만 이런 현상을 제약하는 점들도 만만치 않다. 기업에서 생태 친화적인 움직임이 느리기 짝이 없고 시민들 사이에서도 생태 평화에 역행하는 사고와 행동을 쉽게 볼 수 있다. 정치권에서 생태 파괴의 심각성과 생태 평화의 절박함을 얼마나 인식하고 있는지도 관심사항이다. 생태 평화를 위한 법제화 노력이 지역 이권이나 경제적 이윤 논리에 뒷전으로 밀리지 않는지, 시민들의 깨어있는 감시와 참여가 필요한 이유이다.

한반도 비핵화와 평화체제로의 가시적인 진전도 중단된 상태이고 상대를 겨냥한 무기개발과 군사훈련도 지속되고 있다. 이는 군사적 긴장은 물론 생태 폭력과도 직결된다. 이제 전 세계가 기후위기에 직면한 상황에서 남북 간에도 대화를 열어 생태 평화 관련 이슈를 적극 다루고 합의한 것은 실천해나가야 할 것이다.

5. 맺음말

생대 평화는 그 범위와 시급성에서 다른 영역의 평화보다 가장 우선시해야 할 만큼 막중한 주제이다. 생태 환경의 범위가 방대하고 그 심각성이 위험 수준이지만 그 원인과 해결책은 인간으로 되돌아온다. 광범위하고 다양한 생태 폭력의 유일한 유발자는 인간이므로 생태 평화로의 전환도 인간이 감당할 수밖에 없다. 그러나 생태 폭력의 심각성에 비해 인간의 깨달음은 그에 따라가지 못하는 듯하다. 그 결과 생태 평화로 전환할 길이 불확실하고 늦어지고 있다. 기후 전문가들은 인간이 대응하기 어려운 기후위기의 시점(소위 티핑 포인트, tipping point)이 처음 예상했던 것보다 점점 가까워져 이제는 20년도 남지 않았다고 경고하고 있다.

생태 폭력/평화는 인간이 동물을 포함한 생태계와 맺는 관계,

그리고 인간 집단 간 분쟁이 생태계에 미치는 문제를 포함한다. 이는 한반도에서도 마찬가지이다. 인간이 어떻게 하느냐에 따라 생태계는 폭력으로 다가올 수도 있고, 평화를 가져다줄 수도 있다. 평화가 존재들 사이의 상호 인정과 공존을 바탕으로 한다면 그것이 가장 절실한 곳이 생태 평화이다. 왜냐하면 인간, 동물, 나아가 모든 존재의 터전이 실존적 위기에 직면해있기 때문이다. 생태 평화는 모든 경계를 초월하고 존재들 사이의 우월을 인정하지 않는다. 유일한 문제는 인간이 이를 인식할 때 생태 평화를 기대할 수 있다는 엄중한 사실이다.

■ 토론주제

• 생태 폭력의 범위를 예를 들어 말해보자.
• 생태 평화 논의에서 인간의 역할을 구체적으로 토의해보자.
• 한반도에서 생태 평화를 이루기 위해 가장 중요한 과제를 말해보자.

■ 참고자료

관련기구
• 한국기후변화연구원 ＜www.kric.re.kr＞
• 환경운동연합 ＜http://kfem.or.kr＞
• DMZ 생태평화공원 ＜www.cwg.go.kr/dmz_tracking/index.do＞

추천도서
• 정홍규. 『생태평화를 찾아 마을로 간 신부』. 2014. 학이사.
• 올가 토카르추크 저. 최성은 역. 『숙은 이들의 뼈 위로 쟁기를 끌어라』. 2020. 민음사.
• 구도완. 『생태민주주의』. 2018. 한티재.

동영상
• (Youtube) 붉게 타오르는 지구의 마지막 경고 | 붉은 지구 1부 엔드게임 1.5℃ (KBS)
• (Youtube) 지구 온난화로 영구동토층 해빙…기후 재앙 되나 / YTN 사이언스

Ⅶ. 제도적 평화

■ 학습목표

평화협정의 개념과 특징 등을 통해 제도적 평화의 실현방안을 살펴본다.

1. 들어가는 말

국제사회에는 국제법, 조약, 동맹, 국제기구 등 다양한 제도들이 존재한다. UN의 경우 2차 세계대전과 같은 인류사회의 참혹한 전쟁을 방지하기 위해 국제사회의 공동노력이 필요성을 공감하며 만들어졌다. UN 헌장에서 국제평화 유지를 최우선으로 하고 있으며, 인류공동의 이익을 위한 경우가 아니면 무력사용을 금지하고 있다. 국제법과 조약 등 합의사항에서도 전쟁을 방지하고 국제적 협력과 질서를 형성하는 데 중요한 토대로 작용하고 있다. 무력사용을 규제하는 국제법은 근대사회의 평화를 형성하기 위한 핵심적 사항으로 작용한다.

인류사회의 평화를 위한 노력에도 불구하고 전쟁은 끊임없이 발생하고 있다. 전쟁은 주로 평화협정의 체결, 적대행위의 중지, 정복의 완료 등의 형태로 종결된다. 평화협정의 체결없이 장기간 전쟁의 멈춤상태가 지속되면서 자연스럽게 전쟁이 종결되기도 한다. 하지만, 국제사회에서는 평화협정, 평화조약 등 명칭에 관계없이 당사국 간의 합의를 통해 전쟁이 종결하는 방법이 가장 일반적이라 한다. 물론 평화협정이라고 해서 모든 당사자가 만족하는 합의에 이르는 것이 아니라, 승리자의 일방적인 요구조건을 수용하여 강제로 체결되기도 한다. 일방의 승리자가 없을 때 국제법적으로 합의에 의해 평화협정을 체결하여 전쟁을 종결하는 방법이 일반적이라는 점에는 이견이 없다. 본 장에서는 전쟁과 분쟁을 종식시키기 위한 방안 중의 하나인 평화협정의 역사, 개념, 특징을 중심으로 평화를 지속시키기 위한 제도적 평화를 살펴보도록 하자.

2. 평화협정의 역사와 의미

평화협정은 역사적으로 전쟁 및 분쟁을 종결짓는 중요한 수단으로 기능했다. 16, 17세기에는 전체 전쟁의 3분의 1 정도가 평화협정으로 종식됐고, 18세기에는 절반 이상이, 19세기에는 3분의 2가, 1920년 이전에 발생한 전쟁의 대부분이 평화협정을 통해 종식됐다. 19세기 이후에는 평화협정을 통해 전쟁이 종식되는 관행이 정립됐다. 특히 제1차 헤이그 평화회의가 열린 1899년부터 제1차 세계대전을 종식시킨 1919년 베르사유 협정에 이르기까지 유럽에서 발발한 모든 국가 간 전쟁은 1907년 제2차 헤이그 평화회의에서 채택한 협정에 따라 선전포고로 시작되었고 평화협정으로 종식됐다. 제2차 세계대전 이후의 대표적 평화협정 사례로는 1945년 '포츠담 선언', 1951년 '샌프란시스코 강

화조약', 1973년 베트남 전쟁을 종결하는 '파리강화조약', 1979
년 '이스라엘과 이집트 간의 평화협정'이 있다. 탈냉전 이후 국
제사회는 민족, 종교, 인종 등 새로운 갈등 구조로 인해 내전civil
war의 형태로 나타난 분쟁이 전체의 2/3를 차지했으며, 이 중 절
반가량은 평화협정의 체결을 통해 해결됐다. 1995년 보스니아
내전을 종식한 '데이턴 협정', 북아일랜드의 '성금요일 협정'이
대표적이다.

1995년 데이턴 협정 체결식 (위키피디아 커먼스)

평화협정은 분쟁 당사자들 사이에 적대행위의 종식과 평화 상
태 회복을 목적으로 맺는 분쟁 당사국 최고지도자나 그 위임을
받은 대표 간 정치적 합의를 말한다. 따라서 평화협정은 둘 혹은
그 이상의 분쟁 당사국 간 전쟁 및 분쟁을 공식적으로 종결하고
모든 당사자가 합의의 조건에 따라 의무를 준수하도록 하는 공

식적인 협정으로 정의할 수 있다. 즉 협상의 과정 속에서 군사적 대치 상태를 해결하고 정치, 사회, 경제적으로 평화상태로 나아가기 위해 체결되는 합의문들이 평화협정이라 할 수 있다. 그 합의가 분쟁 당사국 의회의 비준을 받으면 '평화조약'이라 부른다.

평화협정의 특징으로는 첫째, 평화협정은 갈등을 해결하고 평화를 형성시키는 전환기적 협정이다. 평화는 여러 단계를 통해 만들어지는데, 그중 평화협정은 전쟁상태를 종결시키는 필요적 역할을 한다. 분쟁을 극복하는 과정에서 평화협정을 통해 해결되지 않은 문제는 추가협정을 통해 해결할 수 있기에 과거의 문제를 극복하고 미래로 나아가는 진보적 특징을 지닌다. 따라서 평화협정은 분쟁 당사국 간 평화상태로 나아가기 위한 과정적 관점에서 이해할 필요가 있다.

둘째, 평화협정은 동맹조약과 같은 정치·군사적 조약으로부터 영향을 받는다. 예를 들어 한반도 평화협정이 체결되는 과정에서 북한이 유엔사령부의 해체를 요구한다면 한국과 미국 간 동맹조약으로서의 한미상호방위조약이 변화될 수 있게 된다.

셋째, 평화협정은 단순히 군사적 문제에 국한되는 것이 아니다. 평화협정은 항구적 평화상태로 나아가기 위한 정치적 성격을 지닌다. 평화협정은 군사적 목적의 정전협정과도 구별될 수 있다. 정전협정이 분쟁 당사국 간 상호 동의하에 제한된 기간과 공간에서 전쟁이나 무력분쟁의 잠정적 중단하는 주로 군사적인 적대행위를 정지시키는 데 목적을 둔 군사적 성격의 협약이다. 이에 반해 평화협정은 전쟁의 종료하는 군사적 성격뿐만 아니라 분쟁 당사자 간의 적대관계의 해소와 안정을 보장하는 새로운 정치질서의 수립이라는 미래 지향적 합의인 정치적 성격을 지닌다.

넷째, 평화협정은 후속적인 무력분쟁이나 국내 선거에 쉽게 영향을 받아 깨질 수 있다. 평화협정이 반드시 평화를 담보하는 것이 아니기 때문에 이행과정에서 분쟁이 발생할 수도 있다. 평화협정에 반대하는 정치세력의 당선으로 후속 이행되지 않을 수도 있다. 또한 평화협정 체결 내용을 국민투표 절차를 통해 국민적 동의를 얻는 과정에서 부결될 수도 있다. 2016년 콜롬비아 평화협정 사례가 대표적이다. 52년간 진행된 내전을 종식시키기 위해 체결된 평화협정에 대해 콜롬비아 국민들은 평화협정이 반군들에게 전쟁 범죄를 묻지 않았다는 이유로 반대했다.

탈냉전 이후 체결된 평화협정은 전쟁의 종결이라는 형식적 의미와 함께 실질적 평화정착을 위한 정책적 수단으로 그 의미가 강조되어 활용되고 있다. 전통적인 입장에서 평화협정의 주요 기능은 상대국과의 적대관계 청산, 폭력의 종식, 상호 안정을 보장하는 관계를 수립하는 데 있다. 탈냉전 이후의 현대적인 입장에서는 비폭력적인 상태, 무력적 적대관계의 부재, 교전이 없는 상태 등과 같이 소극적 의미를 넘어선 분쟁 당사국과의 화해, 용서, 사면 등을 통해 지속가능한 평화를 달성하는 것을 목적으로 평화협정을 체결하고 있다. 고전적 의미의 평화협정이 주로 전쟁 승리에 따른 승자 독식이라면, 현대적 의미의 평화협정은 어느 한쪽의 일방적 승리의 결과물이라기보다는 분쟁 당사자 간 협력, 양보, 타협의 결과물로 항구적 평화를 목적으로 체결되는 경향을 보이고 있다. 평화협정은 단순히 적대관계의 종료뿐만 아니라 새로운 정치질서의 수립을 시도하는 것으로 체결양상의 의미가 변화하고 있다.

3. 평화협정의 구성요소와 형식

평화협정에 대한 일반적인 형식이나 내용이 정해진 바가 없으며 분쟁, 교전 당사자 간의 합의에 의해 정해진다. 통상적으로는 적대행위 및 전쟁상태의 종료, 상호존중 및 불가침, 포로 송환 등의 내용이 포함된다. 하지만 각각의 전쟁 및 분쟁에 대한 구조적, 정치적 성격이 상이하기 때문에 주로 당사자 간의 합의에 의해 다양하게 평화협정의 내용과 형식이 정해진다. 평화협정은 통상 일반조항과 특수조항으로 구성된다. 일반조항에는 적대행위 종료, 외국군대 및 점령군 철수, 압류 재산의 반환, 포로 송환, 조약의 부활 등이 있고, 특수조항은 손상 배상, 영토 할양, 요새 파악 등이 포함된다.

평화협정의 내용을 절차적 구성요소, 실질적 구성요소, 제도적 구성요소로 구분할 수 있다. 절차적 구성요소는 평화를 구축하고 유지하기 위한 과정과 방법을 설정한다. 실질적 구성요소는 평화협정을 체결하기 위한 대상과 내용 등을 설정한다. 분쟁과 갈등 상황을 극복하고 평화로운 미래로 나아가기 위한 정치, 경제, 사회적 변화를 포함한다. 제도적 구성요소는 협정 체결 이후 평화와 통합을 촉진하고 노력하기 위한 제도, 기관을 마련한다. 평화협정 체결 이후 당사자 간 협정을 이행하기 위한 이행관리 감독 기관을 설립하는 등 제도적 장치를 둔다.

체결 형식과 내용에 따라 완전 협정full agreement, 부분적 협정 partial agreement, 평화과정 협정peace process agreement으로 유형을 구분하기도 한다. 하나의 포괄적 형식에 따라 체결되는 완전 협정은 항구적인 평화를 실현하기 위해 평화협상의 모든 관련 당사자를 포함하여 최종적으로 실현가능한 협정을 맺는 경우를 말한다. 평화의 과정에서 포괄적 합의에 도달하는 것을 목적으로 이해당사자 간 모든 주요 문제를 협정 체결을 통해 해결하는 방식이다. 1975년부터 2011년까지 체결된 완전 협정은 60개이다. 이에 반해 부분적 협정은 협상과 관련한 일부 당사자가 부분적인 몇 가지 문제에 관해 협정을 체결하는 것을 말한다. 부분적 협정은 모든 당사자가 이해관계가 충돌하여 전체적으로 의견을 수렴하기 어렵거나, 동시에 모든 문제를 해결할 수 없어 부분적 동의 사항에 대해 합의하기 위해 사용된다. 부분적 협정은 전체의 합의를 추구하기 위한 중간 단계의 역할을 수행할 수 있다. 1975년부터 2011년까지 체결된 부분적 협정은 115개이다. 평화과정 협정은 분쟁 당사자 간 분쟁의 해결을 위해 절차를 마련하고 협상을 위한 의제 설정 및 세부 사항을 정하는 것을 말한다. 주로 본격적인 평화협정을 체결하기 위한 협상에 앞서 분쟁 당사자 간 핵심 사항에 대해 의견을 조율하는 과정을 말하며 합의된 사항은 공동선언문이나 합의서 같은 형식으로 나타난다. 1975년부터 2011년까지 체결된 평화과정 협정은 41개이다.

4. 한반도에서 제도적 평화는 체결될 수 있을까?

　한반도에서 군사적 충돌이 재발하는 것을 방지하기 위해 정치·군사적 긴장을 완화하고 신뢰를 구축하기 위한 제도적 장치가 마련되어야 한다. 전쟁상태를 종결시키기 위한 제도적 장치로 평화협정 체결의 필요성이 제기되고 있다. 종전선언이 단순히 전쟁을 끝내는 것에 머무는 것이라면, 전쟁 종결을 넘어 항구적인 평화체제peace regime로 나아가기 위해서는 평화협정 체결을 통해 제도적 평화를 실현해야 한다고 주장한다. 한반도에서는 지난 70여 년간 군사적 충돌과 전쟁의 재발을 방지하는 소극적 평화negative peace의 상태인 정전체제를 넘어 전쟁의 공식종료와 평화정착을 마련하는 적극적 평화positive peace 상태로 나아가기 위한 법·제도적 장치로서 평화협정 체결을 통한 평화체제 구축이

4.27 판문점선언에서 남북 정상 간 서명식 (남북정상회담 홈페이지)

필요한 것이다.

실제로 남북은 2018년 4.27 판문점선언에서 정전협정을 평화협정으로 전환하는 데 합의하여 한반도에서 항구적인 평화체제를 만들자고 합의했다. 평화협정과 같은 제도적 평화를 통해 평화의 기반을 마련하여 실천하자는 데 합의했다. 하지만 국내외적 정치외교적 상황 등 다양한 변수들로 인해 남북 간 합의된 사항이 잘 이행되지 않고 있다. 평화협정이 체결되었다 하더라도 반드시 평화가 보장되는 것이 아니라 협정을 어떻게 이행하고 실천하느냐의 과정이 더욱 중요하다고 할 수 있다.

5. 맺음말

평화협정이라는 제도적 평화를 통해 평화체제의 상태를 구현할 수 있다. 평화체제를 구축하기 위해서는 평화협정, 평화조약과 같은 법제도적인 요건들이 마련되어 실천될 때 실질적인 평화 상태로 나아갈 수 있다. 평화협정이라는 제도적 평화가 기본적인 바탕이 되어 평화를 실현하려는 의식적이고 집단적인 노력이 진행될 수 있다. 하지만 평화라는 의미의 다의성과 함께 평화협정의 내용과 형식 등에서도 다양한 의미가 존재한다. 체결당사자 간의 힘의 차이에 의해서도 평화협정이 평화가 아닌 강압의 수단으로 작용할 수 있기 때문이다. 그럼에도 불구하고 평화의 상태로 나아가기 위한 제도적인 장치로서 평화협정은 그 자체로도 의미가 있겠다.

평화체제의 달성을 결과가 아닌 과정적 차원에서 이해한다면 하나의 평화협정으로 분쟁이 종결되어 평화가 달성된다기보다는 여러 합의와 협정들이 체결될 수 있다는 점을 인식해야 하겠다. 왜냐하면 평화체제는 대개 평화의 회복과 유지와 관련된 제반 절차, 원칙, 규범, 제도의 총체 및 그것들이 유기적으로 작동하는 구조를 의미하기 때문이다. 수많은 갈등의 요소들이 평화협정을 통해 합의를 이루고, 합의가 원만히 실천될 때 평화체제는 달성될 수 있다.

■ 토론주제

• 평화협정이 체결되어 잘 이행될 수 있는 방안에 대해 논의해보자.
• 탈냉전 이후 전세계적으로 어느 지역에서 평화협정이 얼마나 체결되었
  는지 조사해보자.
• 한반도 평화협정에는 어떠한 내용이 담겨야 하는지 논의해보자.

■ 참고자료

관련기구
• 유엔 평화구축 <www.un.org/peacebuilding>
• 유엔 피스메이커(UN Peacemaker) <https://peacemaker.un.org/
  document-search>
• 미국 노트르담대학교 크락연구소 평화협정 메트릭스 <https://pea-
  ceaccords.nd.edu>
• 스웨덴 웁살라대학교 분쟁데이터프로그램 <https://ucdp.uu.se>
• 스코틀랜드 에딘버러대학교 평화협정데이터베이스 <www.peace-
  agreements.org>

참고서적
• 김병로 · 서보혁. 『문서로 보는 한반도 평화프로세스』. 2021. 선인.
• 서보혁 · 권영승 엮음. 『분쟁의 평화적 전환과 한반도』. 2020. 박영사.

동영상
• (Youtube) 한반도 평화체제의 이해 PUAC민주평화통일자문회의
  (2019.1.3.)
• (Youtube) 북아일랜드는 어떻게 평화협정을 체결했을까? – 벨파스트
  협정과 한반도 평화프로세스 PUAC민주평화통일자문회의 (2021.3.5.)

제3부. 평화의 실천

VIII. 외교와 협상

■ 학습목표

평화를 수립하기 위한 외교와 적대 국가들 간의 관계 정상화, 유엔의 평화유지활동을 알아본다.

1. 들어가는 말

외교는 평화를 만드는 중요한 수단이다. 분쟁 해결에서 군사가 힘으로 해결하는 수단이라면, 외교는 평화적으로 해결하는 수단이다. 국내에서 정치가 제도의 틀 내에서 갈등을 조정하는 과정이라면, 국제관계에서 협상으로 갈등을 해결하는 과정이 바로 외교다. 물론 외교는 국내적 합의가 뒷받침될 때 협상력이 높아진다. 그래서 외교는 국내 협상과 국제 협상이 서로 연결되고 보완될 때 효과적이다.

언뜻 보면 권위주의 국가의 외교가 효율적으로 보일 수 있다. 정책결정이 빠르고 집행이 일사분란하기 때문이다. 그러나 신속하고 일사불란한 방식은 장점보다 약점이 더 크다. 권위주의 국가에서의 정책결정은 경직되고, 다양한 변수들을 검토하지 못하고, 그래서 정보 실패로 이어지는 경우가 많다. 실제로 민주주의 국가의 외교가 훨씬 협상력이 높다. 민주주의 국가의 외교는 권위주의에 비해 의견이 다양하고 조율과정이 복잡해서 시간이 걸릴 수 있지만, 국내 여론이 오히려 외교적 협상력을 높일 수 있다. 또한 민주적 토론의 과정에서 정보 실패의 가능성을 차단할 수 있다는 장점이 있다. 본 장에서는 정상회담, 관계정상화, 유엔 평화유지활동 등 외교와 협상을 통해 평화를 실현하려는 노력을 살펴보자.

2. 현대 외교와 정상회담

정상회담은 20세기에 들어와 가능해졌다. 특히 비행기라는 교통수단과 전화전신 같은 통신수단의 등장이 외교를 정상회담 중심으로 변화시켰다. 비행기는 이동시간을 줄였고, 통신수단의 발달로 국내와 실시간으로 소통이 가능해졌기 때문이다.

최초의 정상회담은 1938년 9월에 열린 뮌헨 정상회담이다. 이 정상회담에서 영국, 프랑스, 독일, 이탈리아는 체코슬로바키아의 독일인 거주 지역인 주데텐 지역을 독일에 합병하도록 승인했다. 영국의 네빌 체임벌린Neville Chamberlain 총리는 전쟁을 막고 평화가 왔다고 선언했으나, 결국 뮌헨 정상회담은 2차 세계대전으로 이어졌다. 뮌헨 정상회담은 히틀러의 침략 야욕에 속았다는 의미로 유화정책이라는 평가를 받기도 하지만, 최근 들어와서는 영국의 재무장을 위한 시간을 벌기 위한 의도라는 새로운 해석도 적지 않다.

1938년 뮌헨정상회담 (위키디피아 커먼스)

외교는 지도자의 영역이고, 그래서 모든 외교는 정상회담 중심으로 돌아간다. 정상회담을 위한 준비 회담과 정상회담 이후의 후속 회담은 물론 장관급을 비롯한 실무 차원에서 이루어진다. 중요한 현안에 대한 상호 조정이 실무 차원에서 이루어지지만, 최종적으로 정상의 결정에 따라 합의할 수도 있고, 결렬될 수도 있다. 그래서 정상회담의 성과는 전적으로 지도자의 의도, 능력, 성향에 달려있다.

20세기 이후 역사적으로 중요한 정상회담은 적지 않다. 2차 세계대전이 끝나는 시점에 열린 얄타 정상회담은 미국의 루스벨트, 영국의 처칠, 소련의 스탈린이 참여한 회담으로 전후의 세계 질서를 만들었다. 1972년 미국 닉슨Richard M. Nixon 대통령의 중국 방문과 중국 마오쩌둥(毛澤東)과의 만남은 '세계를 바꾼 일주일'로 부를 만큼 중요한데, 미중협력의 시대를 열었다. 1986년 레이

캬비크에서 열린 미국의 레이건Ronald W. Reagan 대통령과 소련의
고르바초프Mikhail Gorbachev 공산당 서기장의 정상회담도 탈냉전
시대를 여는 전환점이었다.

1945년 얄타정상회회담 (위키디피아 커먼스)

21세기 들어와서 정상회담은 가장 빈번하고 일상적인 외교가
되었다. 아시아태평양, 아시아유럽, 동아시아, 동북아 3국 등 지
역별로 다양한 수준의 정상회담이 정례적으로 열리고 있다. 기
후변화와 환경 분야의 정상회담의 중요성도 점점 커지고 있다.
동시에 민주주의, 핵 안보 등 시기별로 중요한 현안을 논의하기
위한 정상회담의 빈도도 늘어나고 있다.

3. 관계 정상화

　국제관계에서 적에서 친구로 전환하기 위해서는 외교관계를 정상화해야 한다. 관계 정상화란 전쟁을 치른 국가들 사이의 적대관계를 청산하고 우호협력관계를 형성하는 과정을 의미한다. 서로가 적이라는 인식을 친구로 변경해야 하고, 우호적인 관계로 전환해야 한다. 구체적으로 적대시기 상호분쟁 요인이 되었던 문제들을 해결하고, 서로 대사관을 교환하고 무역을 비롯한 통상관계를 정상화해야 한다.

　가장 대표적인 관계 정상화는 1972년에 시작되어 1979년 완성된 미국과 중국의 사례다. 미국과 중국은 한국전쟁 당시의 적국으로 오랫동안 대결 관계를 지속했다. 미국의 닉슨 대통령과 키신저Henry Kissinger 국가안보보좌관은 소련과의 냉전 대결 시대에 중국과의 관계 개선을 통해 세력균형을 추구했다. 1972년 미국과 중국은 상하이 공동성명을 채택했지만, 외교관계의 정상화는 1979년 미국의 카터 행정부 때 이루어졌다. 미중 관계 개선으로 중국은 유엔 회원국에 가입하고, 동시에 유엔 안전보장이사회 상임이사국을 맡았으며, '하나의 중국' 원칙을 적용해서 국제관계에서 대만을 대체했다.

　오랫동안 전쟁을 겪었던 미국과 베트남의 경우, 상당한 시간이 흐르고, 베트남이 개혁개방을 추구하고, 미국의 기업들도 베트남과의 관계 개선이 경제적 가치가 있다고 주장하면서 이루어졌다. 1975년 베트남 전쟁에서 미국이 최종적으로 패배한 이후,

1990년대에 들어와서 미국과 베트남은 외교관계와 통상관계를 정상화했다. 오랫동안의 적대관계였고, 1961년 소련의 미사일 배치로 3차 세계대전이 일어날 뻔했던 미국과 쿠바의 관계도 오바마 행정부 시기에 외교관계를 정상화했다.

국제관계에서 외교관계의 정상화는 냉전이 끝나면서 빈번해졌다. 냉전 시대 진영 간의 대결이 지속되는 동안에는 외교관계도 진영으로 나누어졌다. 1989년 베를린 장벽이 무너지고 1990년대 들어와서 소련이 해체되고, 중국이 개혁개방 정책을 본격적으로 추진하면서 탈냉전 시대가 열렸고 외교도 달라졌다. 한국의 경우 1989년 12월 12일 헝가리와의 관계 정상화를 시작으로 동유럽 공산국가들과 수교를 전개하였고, 1990년 소련, 1992년 중국과도 각각 관계를 정상화하였다.

1965년 한일 관계의 정상화도 중요하다. 2차 세계대전이 끝나고 일본이 패배하고 한국이 독립했지만, 한일 관계의 정상화는 상당한 시간이 걸렸다. 식민지 역사에 대한 사과와 반성의 수준, 경제적 배상, 독도 등 영토 문제에 대한 입장 차이가 컸기 때문이다. 미국은 동북아 냉전 질서에 대응하기 위한 한미일 삼각협력체제의 중요성을 강조하면서 한일 관계 정상화를 재촉했다. 1965년 한일 협정으로 한일 관계는 정상화되었지만, 역사문제에 대한 모호한 합의로 이후 지속적으로 해석상의 차이가 발생하고 갈등의 불씨를 제공했다.

4. 한반도에서 정상회담과 관계정상화

남북관계에서도 정상회담이 중요하다. 남북정상회담은 1972년 7.4 남북공동성명 채택 당시에 처음으로 추진했지만 이루어지지 못했다. 미중관계의 개선 국면에서 동서독은 두 차례의 정상회담과 동서독 기본조약 체결로 관계 개선의 길로 들어섰지만, 남북관계는 국제적 긴장완화 국면을 활용하지 못했다. 1980년대 들어와서도 전두환 정부와 노태우 정부 역시 정상회담을 합의했지만 이행하지는 못했다. 1994년 김영삼 정부는 남북정상회담을 열기로 합의하고 실무회담도 했지만, 북한의 김일성 주석이 사망해서 성사되지 못했다. 남북정상회담은 2000년 김대중 정부에서 처음으로 이루어졌다. 당시 북한과 미국은 관계 개선을 추진했다. 남북한과 미국의 삼각관계가 서로 긍정적으로 작용했기 때문에 정상회담이 열릴 수 있었다. 남북관계는 2000년 6·15 정상회담을 계기로 교류협력의 시대로 전환했고, 단계적이고 점진적인 통일방안을 합의했다.

두 번째 남북정상회담은 노무현 대통령과 김정일 국방위원장 사이에 2007년 10월 4일 평양에서, 세 번째는 문재인 대통령과 김정은 국무위원장 사이에 2018년 4월 27일 판문점에서, 네 번째도 문재인 대통령과 김정은 국무위원장 사이에 2018년 9월 19일 평양에서 각각 열렸다. 이들 정상회담에서 10·4 정상선언, 4.27 판문점선언, 9.19 평양공동선언 등 합의문이 발표되었다. 2018년 9월 평양 정상회담에서는 남북 최고 군당국자 사이에

'군사합의서'도 발표되었다. 2000년 6·15 공동선언이 남북관계의 성격과 발전 방향을 제시했다고 한다면, 10·4 정상선언은 남북관계를 발전시켜 나갈 구체적인 방안들을 제시하였지만 남한 내 정권교체로 이행되지 못하였다. 2018년 두 차례의 남북정상회담은 그해 1월 북한의 평창 동계올림픽 참가 발표가 계기가 되고, 남북한 당국이 관계개선과 평화정착을 위한 공감대를 형성해 진행되었다. 남북 간 이런 관계개선 노력은 한국전쟁 이후 최초의 북미정상회담 개최에도 도움이 되었다. 트럼프 대통령과 김정은 국무위원장은 2018년 6월 12일, 싱가포르 센토사에서 만나 '싱가포르 공동선언'를 발표해 양국 관계 정상화와 한반도 비핵화 및 평화체제 수립에 원칙적인 합의를 보았다. 그러나 2019년 2월 27~28일 하노이에서 열린 2차 북미정상회담에서 비핵화 방법을 둘러싸고 양국 간 입장 차이를 좁히지 못하였다. 그 결과 남북 및 북미관계는 경색되어 갔고 정상외교를 통한 평화조성 노력도 중단되어 버렸다.

한반도의 경우 남한은 소련(현 러시아)·중국과 외교관계를 정상화했지만, 북한은 미국·일본과 외교관계를 정상화하지 못하고 있다. 냉전 해체 과정에서 한국이 공산국가들과 관계정상화를 전개해나갔다. 소위 '북방외교'의 성공이었다. 그때 북한도 미국, 일본과 접촉하며 관계개선을 추구하였지만 북핵문제, 일본인 납치문제 등으로 인해 성공하지 못하고, 북핵위기 국면으로 진입하였다. 북한은 미국을 분단의 원흉, 평화의 적으로 비난해 오면서도 기회 있을 때마다 미국과의 관계정상화 의향을 표명하였다. 북한은 또 1990년대 후반 일본과의 관계정상화 노력을 벌이기도 하였으나 미국과의 관계정상화를 더 중요시해왔다. 그러나 미국과 일본이 북한의 핵포기와 납치자문제 해결을 우선으로 하고 있기 때문에 북한의 관계정상화 의지도 줄어들었다. 대신 북한은 핵능력을 고도화 시키는 방식으로 체제생존을 추구하고 있다.

남북한은 1991년 유엔에 동시 가입했다. 남북한은 국제관계에서는 국가와 국가의 관계이지만, 한반도 내부적으로는 민족 내부 관계다. 1991년 12월에 합의한 '남북기본합의서'에 남북한은 "통일을 지향하는 과정에서 잠정적으로 형성되는 특수관계"라는 점에 합의하였다. 남북관계의 정상화는 서로 상대지역에 상주대표부를 설치하는 것이다. 서독과 동독은 1972년 동서독 기본조약을 체결하고, 상대지역에 연락대표부를 설치해서 운영한 바 있다. 남북한은 2018년 정상회담 이후 개성에 남북공동연락사무소를 설치해서 운영한 바 있지만, 코로나의 발생과 남북관계의 악화 때문에 2020년 6월 연락사무소를 철수한 상태이다.

5. 유엔의 평화유지활동

유엔은 국가간 협력을 증진하고 세계의 평화를 유지하기 위한 가장 큰 국가간 연합체다. 수많은 분쟁지역에 유엔은 평화유지군을 보내고 있고, 한반도와 키프러스, 카슈미르 등 분단 국가의 평화와 통일을 위해 노력한다. 유엔의 재정은 회원국의 분담금으로 운영되며, 분담금은 국력의 수준에 따라 액수가 다르다. 부

자국가들은 많이 내고, 가난한 국가들은 조금 내는 방식이다.

유엔은 보건, 식량, 인권, 환경 등 다양한 분야의 산하기관을 두고 활동하고 있다. 코로나 국면에서 활발한 활동을 하고 있는 세계보건기구WHO, 저개발국의 식량 위기에 대응하기 위한 세계식량계획WFP과 세계농업기구FAO, 교육과 문화 영역에서 활동하는 유네스코UNESCO, 노동문제를 담당하는 세계노동기구ILO 등이 대표적이다.

유엔 본부는 뉴욕에 있으며, 매년 이곳에서 유엔총회가 열린다. 총회가 열리는 기간에는 미국과 외교관계가 없는 국가(과거 쿠바나 이란 등)의 정상들이 참여하기도 했다. 올림픽 개최국가는 올림픽 기간 동안에 전쟁을 중단하자는 '올림픽 휴전'을 총회에 제출하고, 만장일치로 통과시키기도 한다. 2017년 한국은 2018년 평창 동계올림픽을 위한 '올림픽 휴전결의안'을 제출했고, 북한이 평창 올림픽에 참여하면서 올림픽이 남북관계 개선의 계기를 제공했다.

유엔의 중요 결정기구로 안전보장이사회가 있는데 그중 상임이사국이 핵심이다. 미국, 영국, 프랑스, 중국, 러시아는 상임이사국 5개국을 의미하는 P5 국가로서, 주요 현안에 대해 자국의 이익을 고려해 거부권을 행사하기도 한다. 상임이사국 5개국은 합법적으로 핵 보유를 인정받는 국가들이기도 하다. 탈냉전 이후 유엔안전보장이사회 5개국은 자국의 이익을 추구하며, 다양한 분쟁지역의 개입에 대해 서로 다른 목소리를 내기도 했으나, 세계질서의 안정적 유지를 위해 협상력을 발휘했다. 그러나 상임이사국인 러시아가 우크라이나를 침략한 이후 미국을 비롯한 서방국가들이 러시아에 강력한 제재를 추진하고, 러시아가 유엔 안전보장이사회에서 다양한 결의안에 거부권을 행사하면서 안전보장이사회의 정상적인 운영이 어려워졌다.

2차 세계대전 이후 유엔의 평화유지활동peace keeping operation: PKO은 꾸준히 늘어났다.[1] 동티모르와 수단 내전을 비롯한 다양한 지역의 내전을 중재하고, 안정을 유지하기 위해 평화유지군을 파견했다. 키프러스의 분단 극복을 위해 유엔 사무총장이 직접 통일방안을 마련하여 국민투표를 진행하기도 했다. 유엔의 평화유지활동은 군대 파견, 선거 감시, 민주주의 교육, 분쟁집단들 간 대화 중재 등 군사적/비군사적 방법을 모두 활용한다. 그

아프리카 수단에서 활동 중인 UN 평화유지활동 (위키디피아 커먼스)

---

1) 국제사회에서 평화유지활동은 유엔 안전보장이사회의 결의에 따른 전개하는 유엔 PKO와 미국 주도로 동맹국들이 참여하는 PKO, 두 가지가 있는데 여기서는 유엔 PKO만 다룬다.

러나 이런 활동에 강대국들이 자국의 이익을 중심으로 개입이나 그 반대로 무관심을 드러내면서 유엔의 평화유지활동에 한계가 있다는 비판도 적지 않다.

유엔은 코로나라는 세계적인 보건 위기의 국면에서 중요한 역할을 해왔고, 기후변화와 환경 문제에 대해서도 적극 대응하고 있다. 한국도 유엔 평화유지활동에 인력과 재정을 내놓고 있다. 다양한 지역에서의 전쟁과 내전으로 국제적인 현안으로 부상한 난민 문제를 해결하는 과정에서도 유엔의 역할 확대가 필요하다. 나아가 기후변화의 결과이기도 한 식량 위기와 보건·의료의 공백을 막기 위한 활동도 늘어날 필요가 있다.

6. 맺음말

외교는 전쟁을 예방하는 역할을 한다. 외교가 실패하면, 결국 남는 것은 군사고, 그러면 전쟁으로 이어진다. 물론 전쟁 중에도 외교의 역할은 중요하다. 휴전이나 평화를 위한 협상이 조기에 성공할수록 인명과 재산의 피해를 줄일 수 있다.

외교와 협상은 양자 차원도 있지만, 다자 차원도 늘어나고 있다. 지역별 다자 정상회담이 정례적으로 열리고, 통상문제와 관련한 다양한 다자회담이 열린다. 최근 들어 기후변화나 보건문제와 관련한 새로운 다자 정상회담도 열리고 있다. 이란 핵 문제를 해결하기 위한 다자 협상이나 과거 북한 핵 문제를 해결하기 위한 6자회담은 다자회담의 유용성을 보여주었다. 다자회담은 합의에 이르는 과정이 복잡하고 시간이 걸리지만, 합의 이후에는 구속력이 양자 회담에 비해 높다. 어떤 형태의 회담이든지 간에 중요한 것은 모든 이해당사자들이 참여해 각자의 이해관계를 균형 있게 다룰 때 성공할 수 있다는 사실을 인지해야 하겠다.

■ 토론주제

• 외교와 협상을 통해 전쟁을 예방한 사례를 알아보자.
• 남북정상회담이 개최된 역사와 내용에 대해 알아보자.
• 유엔 평화유지활동의 성공사례에 대해 알아보자.

■ 참고자료

관련기구

• 유엔 평화유지활동 <https://peacekeeping.un.org/en>
• 남북정상회담 <https://koreasummit.kr>

추천도서

• 김연철. 『협상의 전략: 세계를 바꾼 협상의 힘』. 2016. 휴머니스트.
• 서보혁 · 권영승 엮음. 『분쟁의 평화적 전환과 한반도』. 2020. 박영사.

동영상

• (Youtube) 남북 사이에 전개된 화해와 협력의 노력 (중학교 역사, 고등학교 한국사)_평화통일을 위한 노력 통일부 국립통일교육원 (2021.11.19.)
• (Youtube) 평화를 위한 연대 UN PKO − 유엔평화유지활동, 한국유엔평화유지군 도시PD (2021.4.17.)

Ⅸ. 군축

■ 학습목표

국제사회에서 진행되고 있는 핵과 대량살상무기 폐기운동 등 군축과 무기
감축의 노력과 활동에 대해 알아본다.

1. 들어가는 말

탈냉전 이후에도 전 세계적으로 군비증강은 계속되고 있고 재
래식 무기생산 및 거래는 증가하고 있다. 스톡홀름 국제평화연구
소SIPRI가 발표한 2020년 세계 군사비 현황에 따르면, 전 세계가
지출한 군사비는 전년 대비 2.6% 증가한 1조 9,810억 달러에 이
른다. 2016-20년 최대의 무기 수출국은 미국으로 수출량의 37%
를 차지했고, 최대 수입국은 사우디아라비아로 수입 규모의 11%
를 차지했다. 한국은 무기 수출국 9위, 수입국 7위를 기록했다.
인류 역사상 가장 강력한 살상무기로 알려진 핵무기는 2021년
기준으로 세계에서 9개국이 약 13,080개를 보유하고 있고, 그 중
3,825개는 실전 배치됐다고 분석했다. 핵무기 보유수는 러시아,
미국, 중국, 프랑스, 영국의 순으로 유엔 안보리 상임이사국들이
1~5위를 차지하고 있다. 냉전 해체 이후 1991년 1월 미국과 소
련이 보유한 핵탄두가 약 23,000기였던 것에 비해 최근 핵무기

보유 숫자는 줄어들었지만, 핵보유국은 비공식적으로 북한, 인도, 파키스탄, 이스라엘 등 4개국이 늘어났다. 북한을 포함한 늘어난 핵보유국들이 핵확산금지조약NPT 체제에 가입하지 않았다는 점에서 세계적으로 핵확산의 위험은 존재한다고 볼 수 있다.

핵무기뿐만 아니라 생화학무기, 지뢰 등 다양한 무기들이 세계의 평화를 저해는 요인으로 작용하고 있다. 국제사회와 단체를 중심으로 재래식 무기와 생화학무기, 핵무기 등 여러 무기를 감축, 폐기, 통제시키기 위한 국제적인 노력이 진행되고 있다. 본 장에서는 핵무기, 대량살상무기, 지뢰 등의 폐기와 감축을 위한 국제사회의 노력에 대해 알아보자.

2. 군축의 필요성

전 세계적으로 군축arms reduction의 필요성에 대해 공감한다. 군축은 군비감축의 줄인 말로 이미 만들어서 존재하고 있는 무기와 병력 등 군사력을 양적으로 줄이는 것을 의미한다. 무장해제 disarmament은 군사력을 완전히 해제시키는 것을 의미하며 최근에는 군축과 같은 의미로 사용한다. 군축은 통상조약이나 협정 등의 문서로 병력감소, 군사관련 예산 감축, 특정 무기 파기 및 배치 금지 등의 조치가 합의되는 것이 보통이다.

그렇다면 왜 군축이 필요할까? 군축이 되면 막연히 안보가 불안해지고 평화가 위협받지 않을까 걱정할 수 있다. 하지만 군축은 역설적으로 안보를 증진시키기 위한 수단으로 사용될 수 있다. 군비를 확장시키는 것이 단기적으로는 안보를 증진시키는 효과적인 방법이라 할 수 있지만, 장기적으로는 군비경쟁을 유발시켜 전쟁의 가능성을 증가시키고 기술발달된 무기의 사용으로 인한 피해를 가중시킬 수 있다. 안보가 한 나라의 평화와 안전을 보장하기 위한 목적에서 행해진다면, 군축은 안보를 위한 구체적인 군사적 조치와 수단이다. 따라서 군비를 확장시키지 않고 안보를 증진시키는 대표적인 방법은 군축이라 할 수 있다. 군축을 통해 상호 위협무기를 감소시켜 전쟁의 위험을 줄일 수 있기 때문이다.

전쟁이나 혹은 군사훈련으로 인해 발생되는 각종 환경오염 문제를 해결하기 위해서도 군축이 필요하다. 전 세계에서 벌어지는 각종 군사훈련으로 인해 군사기지는 물론 인근 지역의 생태계가 파괴되는 상황을 종종 발견할 수 있다. 대규모 군사훈련이 기후변화를 불러오는 주범이라는 주장도 제기되고 있다.

지뢰나 각종 무기들로 인해 무고한 민간의 피해를 막기 위해서도 필요하다. 우리나라의 경우 비무장지대의 군사분계선에 설치한 지뢰가 유실되면서 민간인이 피해를 입는 사고를 자주 목격할 수 있다. 특히 여름철 집중호우 시기에는 군사분계선에 매설된 지뢰 등 각종 무기들이 강과 계곡물 등을 따라 유실되어 지역사회를 위협할 수 있게 된다. 군축, 무기감축 혹은 무기폐기는 단순히 군사적 이유뿐만 아니라 우리 삶의 생존과도 밀접하게 연결된 중요한 문제임에서 필요성이 높다고 할 수 있다.

3. 국제사회 차원의 무기감축 노력

국제사회에서 국가 간 협상과 합의를 통해 핵무기 비확산 및 감축, 대량살상무기 폐기 등의 군축과 관련된 노력을 진행하고 있다. 우선 미국과 소련 간 냉전시기 상호 간 핵무기 감축의 필요성에 공감하여 1972년 1차 전략무기제한협정Strategic Arms Limitation Treaty: SALT I, 1979년 2차 전략무기제한협정SALT II을 체결했다. 탈냉전 이후 미국과 러시아는 1991년 1차 전략무기감축협정Strategic Arms Reduction Treaties: START I, 1993년 2차 전략무기감축협정START II, 2002년 전략공격무기감축협정Strategic Offensive Reductions Treaty: SORT, 2010년 신(新)전략무기감축협정New START 등 핵무기를 줄이기 위한 협정을 체결했다.

미소 간 제1차 전략무기감축협정 체결 장면(1991) (위키디피아 커먼스)

실제 핵무기를 보유한 뒤 국내외 정치적 이유로 핵을 완전 폐기한 남아공 사례가 있다. 남아공은 1970~80년대 핵무기 개발을 추진하여 1개의 핵무기를 보유했다. 하지만 탈냉전이라는 국제 정치적 이유와 정권교체라는 국내정치적 이유 등 복합적 문제로 1991년 핵폐기를 결정했다. 우크라이나는 소련 해체 후 자연스럽게 보유하게 된 핵무기를 1994년 미국, 영국, 러시아가 자국의 독립과 영토 보전을 보장하는 조건으로 포기한 사례도 있다.

국제적인 조약으로 핵무기의 확산과 실험을 금지하기 위한 핵확산금지조약NPT이 있다. 핵확산금지조약은 핵무기의 수평적, 수직적 확산을 막기 위해 1968년에 유엔 총회에서 채택되어 1970년 발효됐다. 하지만 북한, 인도, 파키스탄, 이스라엘 등 사실상의 핵보유 국가들이 가입하지 않은 한계가 있다. 남아공은 핵폐기 완료 후 1991년 핵확산금지조약에 가입했다.

핵실험과 생화학무기 사용을 금지 및 폐기를 요구하는 국제조약이 있다. 1963년 대기권 내, 우주 공간 및 수중에서 핵무기 실험을 금지하는 부분적 핵실험 금지 조약Partial Nuclear Test Ban Treaty: PTBT과 대기권, 외기권, 수중, 지하 등 지구상의 모든 곳에서 모든 종류의 핵실험을 금지하기 위해 1996년 유엔총회에서 채택된 포괄적 핵실험 금지 조약Comprehensive Nuclear Test Ban Treaty: CTBT이 있다. 1925년 전시 생물학무기와 화학무기의 사용을 금지한 다자조약(제네바 의정서)을 시작으로 1972년 생물무기금지협약BWC, 1993년 화학무기의 개발·생산·비축·사용금지 및 폐기에 관한 협약CWC 등 생물·화학무기를 전쟁에서 사용하지 않고 폐기하기를 약속하는 국제협약들이 체결됐다.

군축 및 무기감축을 넘어 군대를 폐지한 국가가 존재한다. 1948년 코스타리카는 군대폐지를 발표했다. 독재자를 타도하기 위한 내전과정에서 발생한 아픔을 반복하지 않기 위해 군대를 폐지했다. 코스타리카의 군대의 정치개입과 무력사용에 대한 오용 방지를 위해 군대폐지를 결정했고, 1949년 헌법에 군대 해산을 공식적으로 명시했다. 코스타리카는 니카라과와 2011년 국경분쟁 등 고비도 겪었지만 비무장 원칙을 고수하고 있다. 군대폐지에 따른 안보 악화 우려는 경찰조직으로 국경과 주요시설에 대한 치안을 보호하도록 했다. 군대에 들어가는 예산은 교육과 의료 등의 사회복지예산으로 사용되면서 코스타리카의 평화와 번영에 기여했다. 코스타리카는 세계평화지수에서도 최상위를 차지하고 있다. 코스타리카는 영국의 민간단체인 신경제재단NEF이 민든 지구행복지수HPI에 2009년과 2012년 세계 1위를 차지하기도 했다.

4. 시민사회, NGO 차원의 군축 활동

매년 4월 스톡홀름 국제평화연구소SIPRI의 세계 군사비 지출 보고서 발표에 맞춰 전세계 비정부단체들이 모여 세계군축행동의 날 캠페인을 벌이고 있다. 세계군축행동의 날 캠페인은 군사비를 줄이고 평화를 선택할 것을 각국 정부에 촉구하는 국제적 활동이다.

군축운동 중에는 핵무기와 핵실험에 반대하는 운동이 대표적이다. 1950년대부터 북미와 서유럽, 일본 등에서 핵무기 반대 시위가 진행되면서 전 세계로 확산됐다. 1957년 미국의 핵무기반대비폭력행동Non-violent Action Against Nuclear Weapons은 네바다 주의 핵실험 기지에서 핵무기반대 시위를 했다. 1958년에는 핵무기 반대 운동가들과 평화운동가들이 함께 모여 핵정책전국위원회 SANE, 비폭력행동위원회CNVA를 조직하여 활동했다. 1958년 영국에서는 여러 평화단체들이 모여 핵감축캠페인CND을 조직하여 알더마스톤 원자력무기 연구센터에서 런던까지 행진시위를 진행하기도 했다. 이러한 핵무기 반대 관련 행진이 프랑스, 스위스, 캐나다 등으로 이어지기도 했다. 이러한 대중운동에 의해 국제사회에서는 1963년 부분적실험금지조약Partial Test Ban Treaty을 체결했고, 1968년 핵확산금지조약NPT으로 이어졌다.

국제적으로 지뢰 제거와 핵무기 폐기활동을 벌인 공로로 노벨평화상을 수상한 국제적 비정부기구가 있다. 지뢰금지국제운동International Campaign to Ban Landmines: ICBL은 대인 지뢰의 사용과 생산 금지를 목적으로 하는 국제적인 비정부기구로 1997년 노벨평화상을 수상했다. 2017년에는 지구상 모든 국가의 핵무기 전면 폐기를 주장하는 비정부기구 연합체인 핵무기폐기국제운동 International Campaign to Abolish Nuclear Weapons: ICAN이 노벨평화상을 수상했다.

전세계에서 발생하는 각종 폭력적인 분쟁을 예방하고 보다 평화로운 사회를 만들기 위해 노력하는 시민사회 단체의 글로벌 네트워크 조직인 무장갈등 예방을 위한 글로벌 파트너십Global Partnership for Prevention of Armed Conflict: GPPAC이 있다. 무장갈등 예방

핵무기폐기국제운동(ICAN)의 활동 모습 (위키디피아 커먼스)

을 위한 글로벌 파트너십은 2003년 설립되어 전 세계 15개 지역의 글로벌 파트너들이 모여 세계 평화와 안보를 위해 활동하고 있다.

5. 한반도에서 군축은 이뤄지고 있는가?

남북 간에도 군사적 신뢰구축과 군비축소를 위한 합의가 있다. 남북 간 치열한 군사적 대치와 경쟁을 해소하기 위해 1990년대 초 탈냉전기 남북 간 화해와 협력 분위기 속에서 남북 간 군사적 신뢰구축과 단계적 군축 가능성을 담은 1991년 12월 남북기본합의서가 대표적이다. 이어 1992년 2월에는 한반도 비핵화 선언이 발표됐고, 한미연합군사훈련인 팀스프리트 훈련이 잠시 중단되기도 했다.

2018년 4.27 판문점 선언에서 남북은 군사적 긴장이 해소되고 신뢰가 구축되는 것에 따라 단계적으로 군축을 실시하기로 합의한 사례도 있다. 같은 해 9월 평양에서 열린 남북정상회담에서 '9.19 남북군사합의'를 통해 좀 더 구체적으로 남북 간 군비통제를 통해 우발적 충돌을 방지하고 군사적 신뢰구축을 형성하기로 합의했다. '9.19 남북군사합의'는 남북 간 적대행위 중지와 비무장지대 평화지대화, 서해 해상 평화수역화, 남북물류협력과 접촉 왕래 활성화를 위한 군사적 보장대책 강구, 군사적 신뢰구축 조치 강구 등 남북한 군사적 긴장완화와 평화정착을 위한 내용을 포함하고 있다. '9.19 남북군사합의'에서 군축은 1991년 남북기본합의서 이후 남북정상회담에서 처음으로 언급되었고, 사실상 한반도에서 전쟁상태를 종식하기 위한 실천방안에 대해 합의한 것으로 평가할 수 있다. 2018년 10월에는 6.25 전사자 남북공동유해발굴을 위한 사전 조치로 비무장지대DMZ 인근 강원도 철원의 화살머리고지 일대에서 남북이 공동으로 지뢰제거 작업이 진행되기도 했다.

하지만 2019년 이후 하노이 북미정상회담 합의 결렬 이후 남북 간 합의사항들이 잘 이행되지 못하면서 군축이 실현되지 못하고 있다. 한반도에서 항구적인 평화를 실현하시기 위해서는 무엇보다 남북 간 군사적 긴장상태를 완화하고 신뢰를 구축하는 작업이 선행되어야 하겠다.

6. 맺음말

　전 세계적으로 군사비 및 무기는 계속 증가하고 있다. 무기 숫자의 증가뿐만 아니라 기술적으로 고도화, 첨단화가 되어 살상력은 증가하고 있다. 인류의 가장 강력한 살상무기로 알려진 핵무기는 소형화, 정밀화되어 더욱 고도화되고 있다. 핵무기 등 대량살상무기의 오용으로 인류가 공멸할 수 있는 경고가 있다. 각국의 군사력 증대로 인해 세계 평화에 위협이 되고 있다. 위협적이고 불필요한 무기를 감축하여 세계의 평화와 안정을 요구하는 목소리는 높아지고 있다.

　군사력 증가는 단순히 군사적 문제에 머무는 것이 아니다. 대규모 포격 군사훈련 등으로 훈련지 주변의 환경 파괴는 물론 궁극적으로 기후변화에도 악영향을 미칠 수 있다고 경고하기도 한다. 군축과 군비통제의 노력은 단순히 군사적인 부분에만 머무는 것이 아니라, 군축을 통해 기후변화 등 환경문제에 긍정적 영향을 끼칠 수 있다는 인식의 확장이 요구된다.

　인류가 지속가능한 평화를 누리기 위해서는 무기 개발 및 도입 등 군비증강 정책에 따른 소위 힘에 의한 평화를 지양해야 한다. 무기로 평화를 살 수 없다는 점을 인식해야 한다. 세계 각국이 무분별하고 경쟁적으로 증가시키는 각종 군사비와 군사무기를 감축해야 한다. 분쟁국 간 정치적 화해와 신뢰구축을 통해 군축과 군비통제를 추진하여 지속가능한 평화상태로 전환하기 위한 노력이 필요하다.

■ 토론주제

• 국제사회의 핵무기, 대량살상무기 현황과 감축 노력을 알아보자.
• 핵무기폐기국제운동(ICAN)와 같은 반핵평화를 위한 국제NGO 활동단체
  를 알아보자.
• 2018년 '9.19 남북 군사합의'의 합의내용에 대해 알아보자.

■ 참고자료

관련기구
• 참여연대 평화군축센터 <https://www.peoplepower21.org/Peace/
  575305>
• 핵무기폐기국제운동(ICAN) <https://www.icanw.org/>
• 스톡홀름 국제평화연구소(SIPRI) <https://www.sipri.org/>
• 지뢰금지국제운동 <http://www.icbl.org>
• 핵무기반대 세계네트워크 <https://www.abolition2000.org/>
• 무장갈등 예방을 위한 글로벌 파트너십(GPPAC) <https://www.
  gppac.net/>

추천도서
• 정욱식. 『핵과 인간』. 2018. 서해문집.
• 서보혁 · 정주진. 『평화운동: 이론, 역사, 영역』. 2018. 진인진.
• 우메바야시 히로미치 지음, 김마리아 옮김. 『비핵무기지대: 핵없는 세
  계로 가는 길』. 서해문집. 2014.

동영상
• (Youtube) 노벨 평화상에 '핵무기폐기국제운동' YTN (2017.10.6.)
• (Youtube) 지뢰 금지 국제 캠페인 20주년 Human Rights Watch
  (2012.10.20.)

X. 비폭력과 반차별

평화적 수단과 방식으로 저항하고 차별을 없애고 인간의 권리를 찾기 위한 비폭력 운동에 대해 알아본다.

1. 들어가는 말

평화는 차별이 없는 공정한 세상 속에 형성된다. 어느 사회에서 구성원 누구나 참여할 수 있고, 누구나 혜택을 누릴 수 있고, 누구나 공정한 기회가 주어지는 반차별적 모습이 평화실현의 기본이다. 반차별적 모습이 평화의 기본적 상황이라면 이러한 평화를 형성하고 지속시키기 위해서는 비폭력적인 방식을 원칙으로 행동해야 한다. 폭력적 행동은 평화를 파괴하고 폭력적 상황을 쉽게 불러일으킬 수 있기 때문이다.

평화운동은 비폭력적인 행동과 방법을 통해 목적을 달성하려 했다. 비폭력 행동은 개인이나 집단이 어떤 목적을 이루기 위해 폭력적 방식이 아닌 비폭력적으로 전개하는 각종 저항운동이다. 따라서 비폭력은 평화적 수단과 방식에 의존하여 저항하는 비폭력 저항을 의미한다. 본 장에서는 반차별적 모습을 극복하기 위한 활동과 여러 사회부조리에 대해 비폭력적 상황을 유지하며 평화운동을 실천한 사례를 살펴보도록 하자.

2. 대표적 활동가

대표적인 비폭력, 반차별 운동을 펼친 인물은 마하트마 간디와 마틴 루터 킹 2세이다. 간디는 적극적 비폭력 운동을 통해 지배, 착취, 불평등, 차별 등 사람들을 억압하려는 각종 시도를 극복하여 평화를 창출하려고 했다. 적극적으로 저항하되 폭력을 사용하지 않는 방식의 저항운동을 전개했다. 자유와 정의는 단순히 저절로 형성되는 것이 아니라 비폭력적인 방식과 운동을 통해 적극적으로 요구할 때 만들어질 수 있다고 보았다. 간디는 비폭력 저항과 함께 시민 불복종과 비협력 운동도 강조했다. 불복종 운동은 양심의 질서에 따르기 위해 현실의 권력에 복종하지 않아야 한다고 보았다. 비협력 운동은 더욱 바람직한 질서를 만들기 위해 현실의 권력에 협력하지 않는 것으로 보았다.

마틴 루터 킹은 1955년 12월 미국 앨라바마에서 발생한 몽고메리 버스 보이콧 사건에서 투쟁적 비폭력 저항운동을 진행했다. 흑인 여성이 버스에 올라 백인 지정석 뒷줄에 앉았으나 좌석이 찬 뒤 백인들이 버스에 오르자 버스기사가 자리양보를 요구했고, 이를 거부한 흑인 여성이 체포되는 사건이 발생했다. 이를 계기로 흑인들은 차별을 없애기 위해 버스를 보이콧하며 대중집회를 열었다. 이 과정에서 킹은 "폭력이 있더라도 비폭력으로 맞서야 한다"고 주장하며 백인들이 무슨 일을 저지르더라도 그

1967년 마틴 루터 킹 목사의 연설 장면 (위키디피아 커먼스)

들을 사랑해야 한다고 호소하며 비폭력 저항운동을 주도했다. 미국 연방 대법원이 버스 내 인종 분리법의 위헌판결을 내리면서 약 1여 년 만에 몽고메리 버스 보이콧 운동이 승리하게 된다. 킹은 이후 흑인 해방 운동 및 흑인 인권 운동을 주도했고, 베트남 전쟁 반대 등 폭넓은 평화운동에도 동참했다. 킹은 1963년 워싱턴 D.C에서 대규모 평화시위를 이끌며 다음과 같이 연설을 했다.

나에게는 꿈이 있습니다. 조지아 주의 붉은 언덕에서 노예의 후손들과 노예 주인의 후손들이 형제처럼 손을 맞잡고 나란히 앉게 되는 꿈입니다. 나에게는 꿈이 있습니다. 이글거리는 불의와 억압이 존재하는 미시시피 주가 자유와 정의의 오아시스가 되는 꿈입니다. 나에게는 꿈이 있습니다. 내 아이들이 피부색을 기준으로 사람을 평가하지 않고 인격을 기준으로 사람을 평가하는 나라에서 살게 되는 꿈입니다. 지금 나에게는 그 꿈이 있습니다! 나에게는 꿈이 있습니다. 지금은 지독한 인종 차별주의자들과 주지사가 간섭이니 무효니 하는 말을 떠벌리고 있는 앨라배마주에서, 흑인 어린이들이 백인 어린이들과 형제자매처럼 손을 마주 잡을 수 있는 날이 올 것이라는 꿈입니다.

이듬 해 미국의회에서 인종차별을 철폐하는 민권법을 통과시켰다. 킹은 비폭력 저항을 이끈 공로로 1964년 노벨평화상을 수상하기도 했고 1986년에는 미국의회가 그의 업적을 기리기 위해 1월 셋째 월요일을 연방 공휴일로 지정했다.

한국인으로는 퀘이커Quaker 운동을 실천한 함석헌이 있다. 함석헌은 1965년 '비폭력 혁명: 폭력으로 악은 제거되지 않는다' 라는 글을 발표하면서 인류 역사를 주도한 폭력주의에 대해 비판했다. 폭력적인 생각과 행동에 대해 근본적으로, 전체적으로 바꾸는 비폭력 혁명을 추진해야 한다고 주장했다. 함석헌의 비폭력 사상은 박정희 유신체제에 저항하는 단체들의 비폭력 저항운동에 영향을 끼쳤다. 함석헌은 1974년 '민주회복국민협의회' 의 공동의장을 역임하며 유신체제에 비폭력 행동과 시민불복종, 반차별 운동을 통해 저항행동을 진행했다.

3. 비폭력과 반차별 운동방식과 사례

역사적으로 보면 전쟁반대 운동을 비롯하여 노동자들과 소작

농의 권리 찾기, 노예 해방, 여성 및 무산계급의 투표권, 성과 인종 차별 철폐 등을 위한 차별을 없애기고 인간의 권리를 찾는 목적으로 평화적 방식인 비폭력 운동을 벌인 사례가 존재한다. 비폭력과 반차별 운동의 방식은 집회, 시위, 연좌, 행진, 피켓팅, 파업, 보이콧, 단체 기도 등 다양하다.

1919년 3.1운동은 대표적인 평화적 비폭력 시위운동이다. 3.1 운동은 같은 해 4월 인도 암리차르 공원에서 진행된 평화적 시위, 중국의 5.4운동 등 여러 식민지 국가들의 비폭력 시위를 전개하는 데 중요한 계기가 되었다. 1950년대 간디의 비폭력 저항운동을 반핵운동에 도입함으로써 영국 반핵운동을 대중화시키는 데에 결정적인 영향을 끼친 비폭력 직접행동British nonviolent direct action against weapons도 있다.

21세기 이후 가장 주목받은 비폭력 저항에는 2000년대 초 이라크 전쟁에 반대하는 대규모 시위가 있다. 미국에서는 베트남 전쟁 반대 이후 처음으로 워싱턴, 샌프란시스코 등 미국 전역에서 수만 명이 모여 전쟁 반대 시위를 진행했다. 미국뿐만 아니라 파리, 코펜하겐 등 유럽지역과 한국에서도 이라크 전쟁 반대 시위가 진행됐다. 전쟁 반대 시위에는 서명운동, 피스 몹, 1인 시위, 촛불시위 등 다양한 방식의 비폭력 저항운동이 진행됐다.

집회와 시위뿐만 아니라 다양한 방식의 창의적인 비폭력 반차별 저항운동이 있다. 1961년 5월 모든 인종의 학생들이 흑백 인종차별에 항거하기 위해 미국 남부 일대를 기차나 버스로 여행하며 연좌농성을 벌인 프리덤 라이드freedom rides도 비폭력 방식의 반차별 저항운동이 있다.

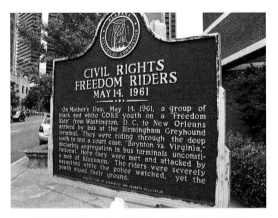

프리덤 라이드 시민운동 명판 (위키디피아 커먼스)

인간띠 잇기를 통한 비폭력 저항운동이 있다. 탈냉전 시기 발트3국(에스토니아, 라트비아, 리투아니아)의 주민들은 약 600km에 이르는 거리를 서로 손을 맞잡고 이어 인간띠를 만들고 노래를 부르는 등 비폭력적인 평화적 방식으로 소련에 저항했다. 이들을 진압을 위해 투입된 소련의 탱크 등 무력적 위협에 맞서 인간띠를 만들고 노래를 부르며 저항했다. 결국 전쟁이나 폭력 없이 전 세계에 전무후무한 평화로운 절차를 통해 1990년 3월에 리투아니아를 시작으로 1991년 8월 20일 에스토니아, 8월 21일에 라트비아의 독립을 쟁취했다. 발트3국의 비폭력 독립쟁취 운동에 대해 '인간띠 노래 혁명'이라고 부르기도 한다.

촛불집회는 대표적인 비폭력 저항운동 중 하나이다. 촛불집회를 통한 비폭력 행동은 1950년대 초 남아프리카공화국의 인종차별 정책에 반대하는 저항운동에서 비롯된 것으로 본다. 1960년대 말 체코 프라하 바츨라프 광장에서 소련의 체코슬로바키아

침공에 저항하며 대학생이 분신자살한 이후 이 대학생을 추모하기 위해 촛불 추도식을 열기도 했다. 1988년 체코슬로바키아에서 종교의 자유와 시민권을 요구하며 1만여 명의 시민들이 촛불을 들고 기도하고 노래하는 비폭력 저항을 진행했다. 이는 1989년 체코슬로바키아 공산독재정권을 무너뜨리는 벨벳혁명의 발단이 되기도 했다.

한국의 촛불시위는 2000년대 이후 비폭력저항 운동의 수단으로 자리잡게 됐다. 대표적으로 2002년 미국 장갑차에 깔려죽은 두 여중생을 추모하기 위한 촛불집회, 2008년 미국산 쇠고기 수입을 반대하는 촛불집회, 2016~2017년 박근혜 대통령 탄핵을 촉구하는 촛불집회가 있다. 특히 2016~2017년에 진행된 촛불집회는 약 5개월 동안 진행되는 기간 약 천만 명 이상이 참여했지만 비폭력적으로 진행됐다. 비폭력 촛불집회는 2017년 12월 독일의 에버트 인권상을 수여받았고, 노벨평화상 후보로 추천되기도 했다. 이러한 창의적인 비폭력 저항운동의 방식은 대규모 시위에서 비폭력적 행동을 보다 효과적으로 사용할 수 있도록 만들었다.

4. 비폭력과 반차별의 효과

평화학자인 마이클 네이글러Michael Nagler는 "비폭력은 가끔 효과가 있으며 궁극적으로 항상 효과가 있다. 반면 폭력은 가끔 효과가 있고 궁극적으로 효과가 없다"고 주장한다. 프란치스코 교황은 "비폭력은 수동적인 것으로 보이기도 합니다. 그러나 사실은 그렇지 않습니다. 단호하고 일관되게 실천한 비폭력은 놀라운 결과를 낳습니다"라고 주장한다. 이들 모두 비폭력이 폭력보다 평화를 만드는 효과가 크다고 강조한다.

미국 정치학자 에리카 체노웨스Erica Chenoweth의 연구에 따르면 "3.5%가 넘는 사람들이 지속적으로 참여하는 비폭력 시민 저항운동은 항상 성공한다"고 했다. 힘은 결국 권력과 총구에서 비롯된다는 기존의 상식을 뒤집는 연구결과이다. 체노웨스는 1900년부터 2006년 사이에 전 세계에서 벌어진 시민 저항운동을 통해 저항의 폭력성과 저항운동의 성공 관계를 분석하여, 통계적으로 비폭력 시위는 폭력 시위에 비해 성공 가능성이 2배 더 높았다고 분석했다. 특히 저항운동에 지속적으로 참여한 사람들이 인구의 3.5%를 넘은 모든 저항운동은 성공했다고 분석했다. 만약 우리나라 인구를 5,100만 명이라 할 때 3.5%는 약 180만 명을 넘긴 꾸준히 평화시위를 이어갈 때 시위의 목적을 비폭력 방식으로 달성할 수 있다는 것이다. 물론 전 세계 국가들마다 각기 구체적인 상황과 정치환경 등을 고려할 때 해당 법칙을 천편일률적으로 적용할 수 없지만, 중요한 점은 비폭력 저항운동에 정당성을 부여하고 공감대를 형성하는 데 기여할 수 있다는 데 있다.

반차별은 인류사회의 보편적인 인권실현을 위한 기본사항이다. 인종, 종교, 나이, 성별, 직업 등 각 부문에서 차별이 해소되면 평등 사회를 실현하여 인간 존엄성이 회복될 수 있다. 예를 들어 20세기 초 영국에서 여성 참정권을 얻어 선거권에서 남녀차별을 없애기 위한 서프러제트suffragette 운동이 반차별 운동이다. 20세기 이후 전 세계적으로 여성 노동자들이 근로여건 개선과 참정권 등 성별에서 반차별을 요구하는 운동으로 이어졌다. 남녀차별을 해소하기 위한 운동들이 현재 우리가 살고 있는 사회의 민주주의 성숙에 기여한 것은 부정할 수 없는 사실이다. 유엔은 1977년부터 남녀차별 철폐 등 여성의 권리를 위해 매년 3월 8일을 '세계 여성의 날'로 지정하여 성평등 인식을 개선시키기 위한 노력을 진행하고 있다.

평등사회를 실현하는 과정 속에서 수많은 논의와 시행착오가 발생하겠지만 중요한 것은 자신의 요구사항을 강압과 폭력적 방식으로는 효과가 없다는 점이다. 인류사회에서 평화공동체를 형성하기 위해서는 반드시 비폭력 방식으로 차별과 부조리를 극복해야만 지속가능한 평화를 누리는 효과가 나타날 수 있다.

5. 맺음말

폭력이 파괴적인 힘이라면 비폭력은 평화를 만드는 건설적인 힘이다. 비폭력은 원래 인간사회에 존재해 왔지만 폭력적인 상황 등 여러 조건들로 인해 잘 드러나지 않았을 뿐이다. 역사적으로도 비폭력 상황을 만들고 실천하려는 노력들이 진행됐다.

폭력과 차별은 상대적으로 자신보다 약한 집단이나 개인에게 가해진다. 차별적 행태가 폭력을 유발할 수 있다. 폭력적인 상황에 피해를 보는 것은 대부분 상대적 약자이다. 폭력은 힘이 강한 자의 정당하고 당연한 사용이 아니다. 폭력은 그 자체로 정당화

될 수 없다. 인류의 역사가 전쟁과 폭력의 역사가 지속된 이유에는 강자들의 폭력을 정당화하는 차별적 형태에 비롯된 측면이 존재한다. 폭력적 상황에 희생된 약자들을 시혜의 대상이 아닌 변화의 주체로 전환시키는 노력이 평화운동에서 진행되어야 한다. 궁극적으로 폭력과 차별을 없애고 평화를 달성할 수 있도록 개인과 집단의 역량을 향상시키는 노력이 함께 진행되어야 한다.

비폭력은 단지 폭력적인 행동이 아닌 것에서 머무는 것이 아니라 폭력을 거부하고, 비폭력으로 폭력적 사안에 맞서며, 모든 상황에서 비폭력으로 대응하는 능동적이고 적극적인 행동을 기본으로 삼는 데서 시작한다. 따라서 비폭력과 반차별은 평화문화를 형성하는 데 핵심적인 사안 중의 하나임을 알아야 하겠다.

■ 토론주제

• 우리나라에서 일어난 촛불집회의 내용과 의미에 대해 알아보자.
• 비폭력 운동의 창의적이고 다양한 방식에 대해 논의해보자.
• 내가 부당한 차별을 받았을 때 어떻게 해결해야 하는지 논의해보자.

■ 참고자료

관련기구
• 피스모모 ＜https://peacemomo.org/＞
• 비폭력평화물결 ＜http://peacewave.kr/＞

추천도서
• 에리카 체노웨스, 마리아 J. 스티븐 지음. 강미경 옮김.『비폭력 시민
  운동은 왜 성공을 거두나?』. 2019. 두레.
• 마셜 B. 로젠버그 지음. 캐서린 한 옮김.『비폭력대화: 일상에서 쓰는
  평화의 언어, 삶의 언어』. 2017. 한국NVC센터.
• 메이 와인에슈포트·기 도운시 지음. 추미란 옮김.『평화만들기 101:
  우리가 꿈꾸는 전쟁없는 세상』. 2011. 동녘.

동영상
• (Youtube) 합법적인 비폭력 사회운동만이 "올바른" 사회운동일까?
  한국다양성연구소 (2021.10.20.)
• (Youtube) 차별없는 세상에 살고 있나요? 국가인권위원회 (2020.
  8.6.)
• (Youtube) Who Were the Freedom Riders?(The Civil Rights
  Movement) GPB 교육 (2017.2.7.)

XI. 기후정의

■ 학습목표

기후변화와 분쟁의 관계에 대해 알아보고, 기후변화에 대처하기 위한 국제
사회의 노력에 대해 알아본다.

1. 들어가는 말

2017년 과학·의학·경제학 노벨상 수상자 50명을 대상으로
'인류 종말을 일으킬 요인'을 묻는 조사에서 기후환경 악화 및
인구증가를 최대 위협 요인으로 응답했다. 기후변화로 인한 위
기 상황은 지구상 모든 나라에 영향을 미치는 초국적 문제이자
해결해야 할 과제이다. 기후변화로 인해 국가안보뿐만 아니라
세계안보에도 심각한 위협이 될 수 있기 때문이다. 기후변화와
평화의 관계는 기후변화와 무력갈등의 상관관계를 통해서도 확
인할 수 있다.

기후변화는 오늘날 우리가 살아가는 방식의 모든 측면을 변화
시킬 수 있는 중요한 문제이다. 기온이 섭씨 1도가 올라가면 폭
행과 살인 등 개인 간 폭력상황이 2.4% 증가하고, 폭동과 내전
등의 집단 간 분쟁이 11.3% 올라간다는 연구결과가 있다. 20세
기에 발생한 무력 분쟁의 최대 20%가 기후변화로 인해 발생했

다는 연구결과도 있다. 세계보건기구WHO는 "기후변화가 인류의 생명을 위협하고 있다는 증거는 명백하다"면서 장기간의 혹서, 생활용수 오염, 홍수와 가뭄으로 인한 흉작 등 기후변화 영향으로 이미 수만 명이 매년 목숨을 잃고 있다고 경고했다. 기후변화로 인해 2030년과 2050년 사이에는 매년 약 25만 명 이상이 목숨을 잃을 수 있다고 추정하기도 했다.

이와 같이 기후변화로 인한 환경문제는 식량위기 및 난민 발생 등 사회혼란을 야기하여 국가안보를 위협하는 요인으로 작용할 수 있다. 이 장에서는 기후변화로 인한 분쟁과 갈등의 모습을 살펴보고 이를 극복하기 위한 국제사회와 단체들의 활동에 대해 알아보도록 하자.

2. 기후변화로 인한 분쟁 사례

기후변화는 가뭄, 빈곤으로 인한 내전, 가뭄과 사막화 현상의 심화 및 수자원 분쟁, 북극해 해빙으로 인한 자원 분쟁 등 각종 분쟁의 원인이 되고 있다. 기후변화는 화석 에너지, 특히 석유의 고갈 문제와 직결된 것일 뿐만 아니라, 식량 및 식수 문제와 직결된다. 단순히 폭염과 가뭄, 태풍과 홍수, 해수면 상승으로 인한 환경난민의 문제만이 아니라 석유와 식량, 식수를 확보하기 위한 지역적 및 국제적 갈등과 전쟁의 원인이 되고 있는 것이다. 1만여 년 전 마지막 빙하기의 급격한 기후변화로 인해 아프리카 수단의 나일강 부근에서 전쟁이 발생했다는 기록이 존재한다.

2000년대 이후 역시 아프리카와 중동의 분쟁 사례에서 보듯이 기후변화는 분쟁의 주요 원인이 되고 있다.

아프리카 수단의 다르푸르 사태는 기후위기로 인해 발생한 대표적인 분쟁사건이다. 2003년부터 2010년까지 다르푸르 지역에서 발생한 유혈 분쟁의 원인은 가뭄 등 기후변화로 꼽고 있다. 기후변화로 인해 부족해진 식량을 확보하는 과정에서 폭력상황이 발생했고 결국 종족분쟁으로 확대됐다. 약 30만 명의 사망과 수백만의 난민을 초래했다. 수단에서 벌어진 인종 청소가 피상적으로는 아랍계와 아프리카계 간의 종족 갈등으로 볼 수 있지만, 그 원인에는 기후변화로 인한 생존 갈등에서 시작했다. 종교와 인종 문제가 기후위기와 결합되면서 상황이 악화되어 분쟁이 발생하게 된 것이다.

2011년 발생한 시리아 내전 역시 기후변화로 인해 발생했다는 연구결과가 있다. 미국의 기상학자와 지리학자들은 시리아 지역에서 2007년부터 2010년까지 지속된 극심한 가뭄이 2011년 시작된 시리아의 정치적 불안과 내전을 불러일으켰다고 분석했다. 이는 시리아의 기상관측사상 최악의 가뭄과 정부의 정책 실패로 유례없는 흉작 사태가 나타나 농촌사회는 붕괴되고 수백만 명의 주민들이 도시로 밀려들면서 자원 배분을 둘러싼 사회적 혼란을 일으키게 된 것으로 파악했다. 이런 혼란과 갈등이 결국 시리아 아사드 정권의 폭압과 '아랍의 봄' 시위 등 다른 여러 정치사회적 요인과 결합해 2011년 대규모 반정부 시위로 이어진 것이다. 지구온난화로 인해 향후 수십 년 내 요르단과 레바논 등 중동 및 지중해 동부 지역에서 분쟁이 확산될 수 있다고 경고하기도 했다. 시리아 내전은 기후변화가 분쟁의 원인으로 발생할 수 있다는 점을 증명할 수 있는 사례이자 과학자들이 기후변화와 무력 분쟁의 연관성을 명시적으로 밝힌 것으로 평가할 수 있다. 하지만 기후와 분쟁의 연관성을 증명하는 일이 아직은 충분치 않다는 반론도 존재한다.

3. 기후변화에 대한 국제사회의 대응

기후변화에 대응하는 것은 전쟁이나 테러에 대응하는 것 못지않은 국가 안보상의 최우선 과제로 부상하고 있다. 2004년 초에 공개된 미국 국방부의 '펜타곤 보고서Pentagon Papers'에서는 미국의 국가안보에서 기후변화에 의한 지연제헤가 핵 위기나 테러보다 더 큰 위협이 된다고 했다. 그리고 미국 국방부는 2014년 '기후변화 적응 로드맵Climate Change Adaptation Roadmap'을 통해 "기후변화가 단순한 환경문제가 아닌 눈앞에 닥친 국가안보 위협"으로 규정했다. 2019년 호주 국립기후복원센터는 기후변화 문제가 심각하다며 "전시 수준의 비상 자원 동원체계를 수립"하여 대응해야 한다고 주문하기도 했다.

세계기상기구WMO는 2010년대 이후 발생한 그리스와 터키의 폭염과 화재, 시베리아의 산불, 독일과 중국의 폭우 등을 볼 때 기후변화로 인한 가혹한 현실이 바로 눈앞에서 실시간으로 나타나고 있다고 경고했다. 세계기상기구는 기후변화로 인한 문제를 대처하기 위해 온실가스를 대폭 감축하는 등 즉각적인 행동을 촉구했다.

2021년 8월 기후변화에 관한 정부 간 협의체IPCC가 발표한 '6차 평가보고서 제1실무그룹 보고서'에는 2040년 이전 지구의 온도가 산업화 이전보다 1.5도 상승하고 폭염과 폭우와 같은 극한 현상이 빈번하게 발생할 것이라 예측했다. 2022년 3월 IPCC '6차 평가보고서 제2실무그룹 보고서'에서는 기후변화로 인해 장기적으로 산모의 우울증과 영유아의 건강에까지 인류의 정신 건강에 악영향을 미칠 수 있다고 분석했다. IPCC 보고서는 향후 10년이 인류의 미래를 바꿀 수 있는 마지막 기회라며 국제사회가 기후변화에 적극적으로 대응하고 행동해야 할 것을 주문했다.

전 세계적으로 기후변화의 심각성을 인지하고 이를 극복하기 위해 유엔 등 국제사회 차원에서 여러 방안과 대책들을 내놓고

2018년 호주 멜버른에서 열린 기후변화 대응 집회행진 (위키디피아 커먼스)

있다. 기후변화에 대응하기 위한 국제사회의 노력은 1992년 브라질의 리우데자네이루에서 개최된 유엔환경개발회의UNCED에서 유엔기후변화협약UNFCCC을 채택하면서 본격적으로 진행됐다. 하지만 1992년 유엔기후변화협약UNFCCC을 비롯하여 1997년 교토의정서Kyoto Protocol 등의 기후변화에 대응하는 국제협약의 이행이 실패함에 따라 2000년대 이후 변화된 환경에 맞게 새로운 기후변화에 대응하는 국제협약이 필요하게 됐다. 이에 2015년 유엔기후변화협약 195개국 당사국들은 파리기후협약을 채택하게 된다. 파리기후협약은 선진국에만 온실가스 감축 의무를 부과하던 기존의 교토의정서 체제를 넘어 모든 국가가 자국의 상황을 반영하여 지구 평균기온 상승을 산업화 이전 대비 2℃ 보다 상당히 낮은 수준으로 유지하고, 1.5℃로 제한하기 위해 노력한다는 전 지구적 목표를 세웠다. 파리기후협약은 지구온난화를 방지하기 위해 온실가스를 줄이자는 전 지구적 합의안이자 국제사회가 함께 추구하는 국제규범이라 할 수 있다.

유럽에서는 2050년까지 탄소중립을 목표로 각종 정책을 추진하고 있다. 유럽연합은 2021년 7월 기후위기에 대응하기 위한 'Fit for 55' 패키지 법안을 발표했다. 2030년까지 온실가스 배출량을 1990년 대비 55%까지 감축하고 2050년까지 탄소 배출 총량을 사실상 제로(0)로 하여 탄소중립 실현을 목표로 하는 유럽기후법European Climate Law을 제정했다.

NGO단체와 개인차원에서도 기후변화에 대응하기 위한 활동을 전개하고 있다. 그린피스Greenpeace는 1971년 발족한 독립적인 국제환경단체로 지구 환경보호와 평화를 위해 비폭력 직접행동의 평화적인 방식으로 활동을 진행하고 있다. 그린피스는 현재 50개 이상의 국가 및 지역에 사무소를 둔 국제단체로 성장했다. 그린피스는 1993년 오존층 파괴를 막기 위해 지구를 지키는 친환경 냉장고 '그린프리즈'를 개발하여 이 기술을 전 세계가 무료로 사용할 수 있도록 공개하기도 했다. 'Cool IT' 캠페인을 통해 애플과 구글, 페이스북 등 세계적 IT기업들이 100% 재생에너지 사용을 선언하도록 이끌었다. 한국에서는 2015년 네이버가 최초로 동참했다. 그린피스는 북극 생태계를 파괴하는 석유 시추를 막고 보호구역 지정을 위한 활동, 미세플라스틱 사용 중단을 요구하는 활동 등 각종 환경 문제를 해결하기 위한 활동을 이어나가고 있다.

 개개인이 자발적으로 연대하여 기후변화 문제에 대응하기 위해 직접 행동에 나서는 경우가 있다. 전 세계 청소년들의 기후

'지구를 구하라'는 구호를 들고 기후변화 행동에 나서는 청년들 (위키디피아 커먼스)

운동 연대인 미래를 위한 금요일Fridays For Future이 대표적이다. 기후변화를 걱정하는 청소년들은 2019년부터 미국 뉴욕과 로스앤젤레스, 독일 베를린, 호주 멜버른, 영국 런던, 필리핀 마닐라, 우간다 캄팔라, 브라질 리우데자네이루 등 세계 각지에서 기후변화 위기를 해결하지 못한 정치권과 기성세대를 향해 항의하는 집회를 열고 있다.

대표적인 스웨덴의 청소년 환경운동가인 그레타 툰베리는 집회에서 기후변화 위기의 심각성을 지적하며 "다른 사람들이 행동하지 않는다면 우리(청년)가 할 것"이라 주장했다. 툰베리는 2019년 미국 뉴욕에 열린 유엔 기후행동 정상회의에 참석할 때 비행기가 탄소배출을 많이 한다는 이유로 태양광 요트를 통해 대서양을 횡단하면서 주목을 받기도 했다.

노년층을 중심으로 "노인들이 환경 운동에 앞장서자"는 목표로 진행되는 그레이 그린Grey Green 운동이 있다. 그레이 그린은 젊은 세대에게 과거 자신들이 물려받은 것보다 조금이라도 좋은 환경을 물려주는 것이 노년의 의무이자 권리라며 기후변화에 적극 대응하기를 촉구하는 운동이다. 2021년부터 유럽과 미국을 중심으로 진행된 운동이다. 한국에서는 60대 이상을 중심으로 '60+ 기후행동'을 출범하여 노년층 환경운동을 진행하고 있다.

4. 기후변화에 대한 한반도의 대응은 무엇인가?

한반도는 세계에서 기후변화에 취약한 곳 중 하나로 꼽힌다.

146

남북 모두 세계평균 보다 높은 속도의 기후온난화 현상을 나타내고 있다. 지난 100년 간 지구평균 기온이 0.74도 상승한 것에 비해 한국은 1.7도, 북한은 1.9도 상승한 것으로 나타났다.

남북은 2018년 9월 평양공동선언을 통해 자연생태계의 보호 및 복원을 위한 남북 환경협력을 적극 추진하기로 하면서 우선적으로 산림분야에서 협력의 성과를 위해 노력하기로 했다. 산림협력을 중심으로 한반도 전체의 온실가스 감축을 위해 노력하기로 했다. 남북 간 탄소배출권 협력을 강화하기 위한 여러 정책적 방안들이 강구되고 있지만 여러 정치외교적 문제로 인해 기후변화를 위한 실질적 공동의 대응은 아직 부족한 상황이다.

한국 정부차원에서는 기후변화가 부담이 아닌 새로운 경제성장 동력 창출의 기회라는 인식 하에 기후변화 문제에 적극적으로 대응하고 있다. 2011년에는 '저탄소녹색성장기본법'을 제정하여 온실가스 감축을 위한 법적 기반을 마련하였다. 2020년에는 '2050 탄소중립 계획'을 발표하여 국제사회와 함께 온실가스 배출을 줄이기 위한 정책을 진행하고 있다.

북한은 기후변화 대응 취약국으로 분류되고 있다. 최근 북한지역에서 기후위기로 인해 발생되는 홍수, 폭우 등 각종 자연재해가 경제발전과 주민의 생명에 중대한 위협으로 작용하고 있다. 북한은 최근 국제사회의 기후변화 대응 노력에 동참하기 위해 2030년까지 온실가스 배출량을 16.4% 감축하겠다는 목표를 제시했다. 북한 차원에서도 기후변화에 관한 파리협정에 협조하여 국제사회와 공동대응을 하고 있다.

5. 맺음말

    기후변화에 대응하는 것은 평화를 위한 활동이다. '기후 변화에 관한 정부 간 협의체'IPCC는 기후변화에 대응하기 위한 여러 대책을 마련한 공로로 2007년 노벨평화상을 수상했다. 기후변화가 평화의 범주에 포함될 수 있다는 점을 보여주는 사례라 할 수 있다. 기후변화가 분쟁을 유발시키는 영향에 대해 여전히 논란이 존재한다. 하지만 분명한 점은 기후변화가 기존의 정치, 경제 등 수많은 문제들과 얽히면서 인간 삶에 치명적인 영향을 미치고 있다는 점이다. 기후변화로 인한 자연재해의 증가는 빈곤을 심화시키고, 이로 인해 국가와 집단 사이의 갈등이 분쟁으로 이이질 위험성이 존재하는 것은 사실이다. 특히 빈곤국가에서는 기후변화로 인해 자연재해와 분쟁이라는 이중적인 갈등 요소가 노출되어 평화를 위협하고 있다.

    기후변화 의제가 환경, 생태적 범주를 넘어 인권과 안보 이슈로 확장되고 있다. 평화학 차원에서도 기후변화를 중심으로 평화를 논의하는 것은 전통적 범주의 인권과 안보 개념을 넘어서는 새로운 형태로 발전하고 있다. 유엔은 기후변화를 인권의제로 공식화했다. 기후변화로 인해 발생하는 각종 인권문제가 직접적으로 상호연관되어 있음을 인정한 것이다. 기후변화가 자연재해 증가, 난민 유입, 물과 식량과 같은 기본 자원에 대한 갈등을 촉발한다는 점에서 국가안보에 중대한 위협으로 작용할 수 있다. UN안보리에서는 기후변화를 전 지구적 위협으로 인지하며 주요 안보의제로 포함시키려 시도하고 있다.

기후변화 해결과 탄소중립 달성을 위해서는 높은 수준의 국제협력이 필요하다. 기후변화는 일국적 차원에서 해결할 수 없는 초국적 문제라는 점에서 국제사회의 공동대응이 필수적이다. 국가, 단체, 개인 등 일류사회를 구성하고 있는 모든 주체들이 함께 모여 기후변화문제에 공동대응과 노력이 필요하다. 기후변화위기는 초국적 협력없이 해결할 수 없고 평화를 구축할 수 없는 인류사회의 공동의 문제라는 점을 인식해야 한다.

■ 토론주제

• 기후변화에 대응하기 위한 국제협약들을 알아보자.
• 기후변화와 분쟁 발생 간의 상관관계에 대해 논의해보자.
• 일상생활 속에서 실천할 수 있는 기후변화 대응 노력은 무엇인지 논의
해보자.

■ 참고자료

관련기구
• 그린피스 <https://www.greenpeace.org/international>
• 그린피스 한국 <https://www.greenpeace.org/korea>
• 한국기후환경네트워크 <www.kcen.kr>
• 환경운동연합 <http://kfem.or.kr>
• 녹색연합 <https://www.greenkorea.org/>

추천도서
• 박명규 외. 『녹색평화란 무엇인가』. 2013. 아카넷.
• 롭 닉슨 지음. 김홍옥 옮김. 『느린 폭력과 빈자의 환경주의』. 2020.
에코리브르.

동영상
• (Youtube) MZ세대의 환경운동 YTN 사이언스 (2021.12.27.)
• (Youtube) 10대가 말하다 틴스피치 – 청소년 기후 행동 활동가 김도
현 EBS 교양 (2020.12.1.)

XII. 진실규명과 화해

전쟁과 분쟁 혹은 권위주의 체제 등으로 발생한 학살과 인권유린 사건에 대한 진실규명의 노력과 화해를 시도한 사례를 알아본다.

1. 들어가는 말

화해는 갈등을 빚었던 쌍방이 서로의 잘못을 인정하고 사과하여 더 나은 좋은 관계로 거듭나는 과정 혹은 그 상태로 정의할 수 있다. 화해는 개인적 차원뿐만이 아니라 사회, 국가 혹은 민족 차원에서도 이뤄질 수 있다. 화해를 위한 필요조건으로는 분쟁 당사자들 사이의 물리적 충돌이 종식되어야 한다. 그리고 화해를 통해 분쟁집단들 사이에 평화를 위한 공동의 미래에 대한 비전을 공유하고 새로운 관계 형성을 위한 협력이 이뤄질 수 있다. 개인, 사회, 국가 간 화해를 다루는 문제는 단순히 갈등의 종식과 예방을 넘어 인간 보편적인 삶을 구현하여 적극적 평화를 실현하기 위해 다뤄져야 할 문제이며 전쟁과 갈등, 독재 통치를 경험한 세계 여러 나라에서 다양한 해결방안으로 시도되고 있다.

화해가 이뤄지기 위해서는 진실규명 작업이 필요하다. 진실규명 작업을 통해 화해가 이뤄지고 화해를 통해 적대, 증오, 불신의 상호 관계에서 벗어나 인정과 공존의 문화가 형성될 수 있다. 전쟁과 분쟁으로 인해 발생한 갈등과 대결의 논리가 진실규명과 화해를 통해 평화구축 과정으로 전환되어 인정과 공존의 문화가 형성되어야 한다. 인정과 공존의 문화는 성숙한 민주주의의 핵심 규범이 확산되는 효과로 이어질 수 있다. 공존과 화해 속에서 자연스럽게 사회 전반에서 관용과 공존의 가치가 형성되는 조건이 마련될 수 있다. 사회적으로 화해와 인정, 공존의 문화가 형성되면 세계 평화를 진전시키는 데도 이어질 수 있다. 이 장에서는 역사적으로 전쟁과 분쟁으로 발생된 갈등을 해결하는 과정에서 역사적 진실규명의 노력을 통해 화해를 이루고 평화를 구축하는 사례와 활동을 알아보도록 하자.

2. 진실규명과 화해를 위한 노력

개인이든 집단이든 적대와 불신의 관계는 단기간에 해결하기 어렵다. 장기적인 관점에서 화해의 과정을 통해 적대와 불신을 해결하는 노력이 요구된다. 과거의 잘못을 인정하고 사과하여 적대적 관계를 협력적이고 평화적 관계로 회복하기 위한 장기적 노력이 필요하다. 화해를 통해 상대를 비방하고 비난하여 적대적으로 바라보는 인식을 전환하고, 과거 적대적 행동에 대해 유감을 표명하여 재발방지하는 노력을 진행해야 한다. 따라서 진실규명과 화해를 활동 끊임없이 평화적 관계를 형성하기 위한 노력과 과정 속에서 달성될 수 있다.

　적대적인 인식을 전환하기 위해서는 일상생활에서 대결적이고 이분법적 사고를 지양하고 대신 융합적이고 포용적인 태도를 지향해야 한다. 일상생활 속에서 할 수 있는 생활 밀착형 평화 운동을 추진하고 세대별로 관심이 있는 평화 운동을 진행할 수 있다. 일상에서 갈등과 대립을 조장하는 냉전적 잔재를 청산하고 정치적 차이와 다름을 인정하고 서로를 존중하며 배려하는 공존과 관용, 화해의 문화를 만드는 것이 평화를 형성하는 시작이 될 수 있다.

　회복적 정의Restorative justice와 같은 관계중심적 노력을 통해 화해를 추구할 수 있다. 회복적 정의는 물리적 충돌로 인해 발생된 전쟁범죄, 민간인 학살, 국가폭력의 진실을 규명하고 그 책임자의 사과와 책임인정, 피해자에 대한 배상과 보상을 제공하는 것에서 시작한다. 회복적 정의는 폭력과 인권유린을 자행한 사람에 대해 어떻게 책임을 부여하고, 피해자와 생존자들에게는 어떻게 상처와 명예훼손을 회복하고 보상하여 치유받도록 해야 하는가에 초점을 맞춘다. 회복적 정의는 가해자를 일방적으로 처벌하거나 비난하는 것에 머무는 것이 아니라, 피해자의 명예와 피해가 회복되어 정상적인 삶을 영위할 수 있도록 하는 것을 궁극적 목표로 한다. 진실규명, 인정과 사과, 피해 보상 등의 회복적 정의를 진행하는 과정 속에서 추모, 기억, 화해 등의 관념적인 사회통합 노력이 이뤄질 수 있다.

3. 진실규명과 화해를 위한 활동 사례

   남아프리카공화국의 '진실과 화해위원회'와 한국의 '제주 4.3
사건 진상규명 및 희생자 명예회복위원회' 등을 통해 진실규명
과 화해와 회복적 정의를 추구한 사례를 살펴볼 수 있다.
   남아프리카공화국의 '진실과 화해위원회'는 회복적 정의를 실
제로 적용한 대표적 사례이다. '진실과 화해위원회'는 과거 인종
차별정책Apartheid으로 발생된 인권유린과 국가폭력을 청산하기
위해 1995년 12월 설립한 조직이다. '진실과 화해위원회'는
1998년 7월까지 약 3년 동안 활동하며 과거 인종차별의 고통을
규명하고 성찰했고, 흑백 인종 간 사과와 용서를 통해 사회통합
을 추진했다. '진실과 화해위원회' 활동 기간 중 약 2만 1,000명

남아프리카 전 대통령 넬슨 만델라 동상 (위키디피아 커먼스)

의 피해자들에 대한 증언을 청취하고, 약 7,000여 건에 대해 사면을 신청하여 화해와 통합을 시도했다. 7,112명의 조사 대상자 가운데 5,392명이 처벌을 받았고, 849명이 사면을 받았다. 국가 폭력과 인권 유린 사례를 국가적 차원에서 해결하려는 노력을 통해 인종차별 구조를 극복해 나갔다. '진실과 화해위원회'의 활동은 남아공의 인종차별정책의 종식과 함께 내부의 화해에 초점을 두어 회복적 정의를 지향하는 성공 모델로 평가된다. 관계의 회복에 중심을 둔 '진실과 화해위원회'의 활동은 남아공의 민주화 성장에도 긍정적인 기여한 것으로 평가하고 있다.

1945년 해방 이후 미군정기와 대한민국 정부 수립 이후까지 약 7년간 제주지역에서 무력충돌과 진압과정에서 제주 주민들이 희생당한 4.3사건의 진상규명과 희생자 명예 회복을 추진한 사례가 있다. 1999년 국회는 '제주 4.3사건 진상규명 및 희생자 명예 회복에 관한 특별법'을 제정하면서 진실규명과 화해의 노력을 진행했다. 2000년에는 '제주 4.3사건 진상규명 및 희생자 명예회복위원회'가 발족하여 4.3사건의 진상을 규명하고 이 사건과 관련된 희생자와 그 유족들의 명예를 회복시켜 인권신장과 민주발전 및 국민화합에 이바지하기 위한 활동을 진행했다. 4.3 특별법 제정 이후 국가의 지원 아래 4.3평화공원과 4.3평화기념관이 조성되고 제주4.3평화재단이 설립되어 공식적인 기념사업을 추진했다. 4.3사건의 피해자를 위한 추모와 기억의 공간을 조성한 것이다.

2003년 10월에는 4.3사건의 진상을 담은 대한민국 정부의 공식 보고서가 확정되며 노무현 대통령은 제주 4.3사건에 대해 공식적으로 사과발표를 했다. 노무현 대통령은 2006년 4.3 위령제에 제주도를 방문하여 직접 제주도민들에게 다시 공식 사과하면서 '국가 공권력에 의한 대규모 민간인 희생' 사실을 정부가 인정했다. 노무현 대통령은 4.3 위령제에서 "저는 위원회의 건의를 받아들여 국정을 책임지고 있는 대통령으로서 과거 국가권력의 잘못에 대해 유족과 제주도민 여러분에게 진심으로 사과와 위로의 말씀을 드립니다. 무고하게 희생된 영령들을 추모하며 삼가 명목을 빕니다. (중략) 과거 사건의 진상을 밝히고 억울한 희생자의 명예를 회복시키는 일은 비단 그 희생자와 유족만을 위한 것이 아닙니다. 대한민국의 건국에 기여한 분들의 충정을 소중히 여기는 동시에, 역사의 진실을 밝혀 지난날의 과오를 반성하고 진정한 화해를 이룩하여 보다 밝은 미래를 기약하자는 데 그 뜻이 있습니다"라고 발언하며 재차 공식적으로 국가폭력에 대해 사과했다.

제주 4.3평화공원 위령비 (게티이미지)

2005년에는 제주도를 평화의 섬으로 공식 지정했다. 2014년에는 4.3희생자 추념일이 법정 기념일로 지정하여 과거 국가의 잘못을 인정하고 진실규명과 화해를 통해 평화와 인권을 존중하는 국가로서의 위상을 높이는 계기로 삼았다. 제주 4.3사건에 대한 사과를 통해 사회적 치유와 화해를 진행했고 이는 한국 사회에서 잔존하고 있는 이념적인 남남갈등 문제가 해결될 수 있는 가능성을 제시했다.

4. 한반도에서 진실규명과 화해를 위한 노력

한반도에는 전쟁과 분단으로 인한 뿌리깊은 적대적 인식이 존재하고 있다. 한국전쟁 이후 남북은 권위주의 독재체제에서 반공과 반미라는 미명 하에 수많은 인권유린과 탄압을 자행하는 어두운 역사가 존재한다. 전쟁으로 인해 남북한에 수백만 명의 직접적인 인명살상이 존재했고 휴전협정 이후에도 남북한 주민들에게 심각한 갈등과 적대관계가 형성됐기 때문이다. 한국사회에서는 여전히 자신과 생각과 이념이 다른 사람에 대해 빨갱이, 종북 등 적대적인 용어와 인식으로 상대방을 재단하고 적대시하고 있다. 반세기 이상 분단이 장기화되면서 남북 사이에는 폭력적 상황과 갈등, 배제 등의 적대적인 문화가 점차 구조화되어 고착화되고 있는 상황이다. 한반도에서 분단을 극복하고 평화를 만들기 위해서는 남북한의 정치군사적 노력뿐만 아니라, 분단으로 발생한 각종 국가폭력 희생자들의 상처를 치유하여 정상적인 삶으로 회복해 나가는 작업이 필요하다. 전쟁과 분단, 권위주의 체제 등으로 인해 발생된 각종 모순과 부조리를 극복하고 화해를 통해 폭력적 상황을 치유하여 평화를 구축할 필요가 있다.

앞서 언급한 '제주 4.3사건 진상규명 및 희생자 명예회복위원회'뿐만 아니라 진실규명 작업을 통해 과거사에 대한 화해, 용서, 치유 등의 관념적 문제에 대한 해결을 위한 노력이 진행되고 있다. '진실·화해를 위한 과거사 정리위원회(진실화해위원회)'와 '5.18민주화운동 진상규명조사위원회'가 대표적이다.

진실화해위원회에서는 과거 국가폭력으로 자행된 각종 인권유린 상황의 진실규명 작업이 진행되고 있다. 진실화해위원회는 항일독립운동, 해외동포사, 한국전쟁 전후 민간인 희생, 권위주의 통치 시에 일어났던 다양한 인권침해, 적대세력에 의한 희생 등을 조사하여 진실을 밝히기 위해 활동하고 있다. 세1기 진실화해위원회는 2006년부터 2010년까지 활동하면서 1948년의 여수·순천 사건, 보도연맹 사건, 박종철 고문치사 사건, 재일교포 간첩 사건, 강기훈 유서 대필조작 사건 등 다양한 인권침해 사건에 대한 진실규명 작업을 진행했다. 제1기 진실화해위원회에서 조사가 끝나지 않은 사건들과 형제복지원 사건 등 새롭게 사회적 이슈가 된 사건들을 포함하여 진실규명 작업을 위해 2020년 12월 10일부터 제2기 진실화해위원회가 활동하고 있다.

'5.18민주화운동 진상규명조사위원회'는 1980년 광주 5.18민주화운동 당시 국가권력의 반민주적, 반인권적 행위로 인해 다수의 희생자와 피해자가 발생한 사건의 진실규명 작업을 위해 2000년 1월 출범하여 활동하고 있다.

5. 맺음말

　역사적 사건에 대한 진실규명과 화해는 매우 어렵고 지난한 작업이다. 제노사이드와 같은 집단학살, 인권유린 상황에 대해 피해자는 가해자를 용서하기 쉽지 않으며, 용서하기 위해서는 진실규명을 위한 엄청난 고통과 인내의 작업이 요구된다. 하지만 과거의 갈등적 상황에서 벗어나 평화로운 미래세상으로 나가기 위해서는 반드시 진실규명과 화해는 필요하다. 하지만 현실적으로 진실규명과 화해의 작업은 어려운 것이 사실이다. 역사적으로 남아공의 '진실과 화해위원회'와 한국의 '제주 4.3사건'에 대한 진상규명과 명예회복 작업은 매우 드문 성공사례라 할 수 있다. 대부분의 역사적 사건들은 진실규명조차 제대로 이뤄지지 못하고 있기 때문이다.

　한반도를 보더라도 분단 이후 몇몇 사건을 제외하고 제대로 진상규명 작업이 이뤄지지 못하고 있다. 70여 년 이상 지속된 분단체제로 인해 발생된 이산가족, 탈북자 문제 등 한반도 내부의 특수한 상황을 고려하여 상처의 치유를 위한 노력은 필수적이다. 분단으로 인해 발생한 각종 부당한 폭력 상황에 대한 피해와 억울함을 해소하는 노력이 진행되어야 한다. 법적인 명예 회복과 보상 절차와 함께 정신적인 치유와 화해의 노력이 병행되어야 한다. 역사적 사건으로 인한 직접적 피해자들인 납북자, 이념폭력의 희생자 등에 대한 사회적 치유 활동은 한반도에서 지속가능한 평화를 만들기 위해 필요한 작업이다.

한 단계 높은 평화를 만들기 위해서는 역사적 사건 속에서 발생한 수많은 인명 피해 문제가 재발되지 않아야 하고 해당 사건에 대한 진상이 규명되어야 한다. 철저한 진상규명과 화해를 통해 비극적 사건이 되풀이되지 않도록 해야 한다. 역사적으로 진실규명과 화해의 사례들이 소수에 불과하지만 충분히 미래의 평화를 형성하기 위한 교훈으로 삼을 수 있다. 진실규명과 화해에는 유통기간이 없기에 장기간 지속적으로 이뤄져야 함을 인식해야 한다. 결국 평화라는 것이 단기간에 이뤄지지 않고 장기간 엄청난 노력 속에서 이뤄질 수 있다는 점을 함께 인식할 필요가 있다.

■ 토론주제

- 남아프리카공화국의 '진실과 화해위원회'의 활동에 대해 알아보자.
- 전쟁에서 발생한 집단학살(제노사이드)의 사례를 찾아보자.
- 갈등 당사자 간 할 수 있는 화해의 방법에는 무엇이 있는지 논의해보자.

■ 참고자료

관련기구
- 진실·화해를 위한 과거사 정리위원회 <https://www.jinsil.go.kr/>
- 5.18민주화운동 진상규명조사위원회 <https://www.518commission. go.kr/>

추천도서
- 프리실라 B. 헤이너 저. 주혜경 역. 『국가폭력과 세계의 진실위원회』. 2008. 역사비평사.
- 신기철. 『진실, 국가범죄를 말하다: 금정굴 사건으로 본 민간인 학살』. 2011. 자리.
- 이나미. 『이념과 학살: 한국전쟁 시기 좌익에 대하여』. 2013. 선인.

동영상
- (Youtube) 영상기록 진실 그리고 화해 KTV 국민방송 (2020.8.13.)
- (Youtube) EBS 다큐프라임 − Docuprime_제노사이드, 학살의 기억들 EBS다큐 (2019.9.5.)

제4부. 평화의 미래

XⅢ. 한반도 평화와 통일

■ 학습목표

한반도 미래를 평화와 통일의 보완관계를 통해 전망해본다.

1. 들어가는 말

한반도는 전쟁과 분단을 겪었고, 오랜 냉전의 대결 시대를 지나왔다. 1972년 '7.4 남북공동성명' 이후 여러 번의 중요한 합의가 있었지만, 대결과 대화를 반복하고 가다 서다 현상을 되풀이하고 있다. 북한의 핵 개발 이후에는 남북한의 군비경쟁도 심해지고 있다. 남북한의 분단이 길어지면서, 통일에 관한 생각도 갈라졌다. 일부에서는 급격한 흡수통일을 주장하지만, 대부분은 점진적이고 단계적인 통일을 선호한다. 특히 젊은 세대는 통일이 일상의 삶을 악화시킬 가능성을 우려한다. 통일을 반대하는 것이 아니라, 통일에 대한 생각이 다른 것이다.

통일은 분단의 후유증을 치유하는 과정이다. 많은 사람들은 통일 그 자체보다는 통일이 더 나은 삶으로 이어지기를 바란다. 당연히 예측할 수 없는 통일의 불투명한 미래에 대해서는 부정적이다. 그래서 통일은 평화를 만드는 과정이다. 힘에 의한 통일은 전쟁으로 이어져 분단보다 훨씬 심각한 분쟁을 낳을 수 있다. 예멘의 경우, 정치적 통일이 실패하면서, 전쟁으로 통일했다. 전쟁 이후 북부는 남부를 장악했지만, 그때부터 남부 독립운동이 시작되어 장기 내전 상태에 돌입했다. 예멘 사례처럼 폭력에 의한 통일은 분단보다 더 큰 고통을 줄 수 있다. 본장에서는 한반도 통일을 위한 평화적 방식과 방향을 살펴보도록 하자.

2. 한반도 평화 만들기의 역사

한국전쟁은 막대한 인명과 경제적 피해, 그리고 아주 오랫동안 사회문화적이고 심리적인 트라우마를 후유증으로 남겼다. 1953년 7월 27일 전투는 끝났지만, 그날 맺어진 휴전협정은 '전쟁을 일시적으로 중단하는' 합의였다. 전쟁을 끝내는 종전도 아니고, 평화로 전환하는 평화협정도 아니었다. 그래서 한국전쟁 이후 '불안정한 휴전상태'를 '항구적인 평화체제'로 전환하는 과제를 남겼다.

한국전쟁 이후 한반도의 전쟁 위기는 적지 않았다. 1968년 박정희 대통령을 암살하기 위한 게릴라들이 청와대 근처까지 접근하고, 미국의 정보함 푸에블로호가 원산 앞바다에서 나포되고, 울진과 삼척에 무장공비들이 침투하는 그야말로 제한전쟁이 벌어지기도 했다. 1976년에는 판문점에서 미루나무를 자르다가 북한군이 미군을 살해하면서, 전쟁 위기가 조성되기도 했다. 그때 이후 판문점의 공동경비구역에도 분단의 경계가 그어졌다. 1994년 6월에는 북한의 영변 핵시설을 파괴하기 위한 선제타격을 검토하기도 했으나, 예상되는 피해가 너무 커서 취소하기도 했다.

한반도의 평화를 정착시키기 위해서는 해결해야 할 과제가 적지 않다. 우선 한국이 평화체제의 당사자인가라는 문제 제기가 있을 수 있다. 휴전협정은 유엔군 사령관과 중국·북한이 서명했다. 그래서 남한이 평화협정의 당사자가 될 수 없다는 의견이 있지만, 그것은 사실과 다르다. 남한은 휴전협정의 당사자는 아니지만, 분명한 전쟁 당사자이기 때문에 당사자 자격을 갖추고 있다. 또한 한반도에서 휴전체제를 평화체제로 전환하는 내용에 관해 남북한은 여러 번 합의한 바 있다. 더욱 중요한 것은 평화 정착에서 핵심적인 군사적 신뢰구축의 당사자는 남북한이다.

남북한이 처음으로 평화체제를 합의한 것은 1991년 '남북기본합의서'와 '불가침 부속합의서'를 통해서다. 남북한이 중심이 되어 평화 체제를 형성하자고 합의했고, 군사 분야의 신뢰구축에

1953년 10월 군사분계선 확정 후 판문점 모습 (남북정상회담 홈페이지)

관한 상세한 합의를 한 바 있다. 평화는 평화협정이라는 법적 평화와 군사적 신뢰구축이라는 사실상의 평화가 함께 이루어질 때 현실이 된다. 남북한이 신뢰구축에 관해 상세하게 합의한 사실은 사실상의 평화를 만드는 과정에서 남북 당사자 관계의 역할이 중요하다는 점을 확인시켜주었다.

이후 1996년 제주에서 김영삼 대통령은 미국의 클린턴 대통령과 정상회담을 하고, 한반도 평화체제 논의를 위한 4자회담을 제안했다. 이후 1997년부터 1999년까지 스위스의 제네바에서 6차례의 4자회담 본 회담이 열렸다. 구체적인 합의로 이어지지 않았지만, 한반도 평화체제 논의의 당사자가 남북한과 미국, 중국이라는 점을 분명히 했다. 나아가 제도 분과와 신뢰구축 분과를 만들어 포괄적인 법적 평화는 4자 차원에서 하고, 군사적 신뢰구축은 남북한이 중심이 되어 추진한다는 짐에 공감대를 이루었다. 2005년 6자회담에서 합의한 '9.19 공동선언'도 한반도 평화체제 논의를 위한 별도 포럼, 즉 4자 회담을 합의했다. 2007년 남북정상회담에서는 평화협정에 앞서 잠정합의로 '한반도 종전선언'을 추진하기로 합의했다. 2018년 남북정상회담에서도 종전선언과 한반도 평화체제를 추진하기로 했다.

물론 남북관계의 가다서다 현상으로 평화 정착은 좀처럼 진전을 보지 못하고 있다. 2019년 2월 하노이에서 미중 정상회담이 결렬되면서 북한의 핵 능력은 강화되고, 협상의 환경은 좀처럼 개선되지 않으며, 남북한의 군비경쟁이 지속하고, 미중 전략경쟁이 본격화했다. 한반도와 동아시아, 그리고 세계적인 차원에서 군비경쟁의 시대가 펼쳐지고 있다. 종전선언의 경우, 북한은 종전선언과 더불어 실효적 조치를 요구하고, 미국은 비핵화의 진전을 조건으로 내세운다. 실효적 조치가 없는 낮은 수준의 종전선언은 북한의 지지를 얻기 어렵고, 비핵화 협상과 별개인 종전선언은 미국의 참여를 끌어내기 어렵다. 협상의 교착이 이어지는 가운데, 한반도에서 미중 군사 경쟁이 가속화하는 현실도 우려할 만하다. 군사 분야의 미중 경쟁이 한반도에서 펼쳐지면, 북핵 해결의 환경은 악화하고, 한반도 평화 프로세스의 길은 멀어진다.

3. 통일 방안과 과정으로서의 통일

남북관계에서 통일방안은 대화 이전과 이후로 달라졌다. 남북대화를 추진하기 이전 냉전 시기에는 남북 모두 사실상의 흡수통일을 주장했지만, 남북대화가 이루어지면서 서로를 인정하고 점진적이고 단계적인 통일방안으로 전환했다. 남북한의 통일방안은 수렴하는 경향이 있다. 과거 북한은 연방제를 주장했으나, 점차적으로 단계를 세분화하고 점진적인 통일을 추진하는 연합제안으로 변화하고 있다. 노태우 정부 이후 남한의 공식적인 통일방안은 화해협력-남북연합-통일이라는 단계적 통일방안이다. 특히 남북한은 2000년 6.15 공동선언 2항에서 "남측의 연합제와 북측의 낮은 단계의 연방제가 서로 공통성이 있다고 인정하고, 앞으로 이 방향에서 통일을 지향시켜 나가기로" 합의한 바 있다. 남북한이 최초로 점진적이고 단계적인 통일에 합의한 것이다.

2000년 6.15 남북정상회담 환송오찬에서 '우리의 소원' 합창
(남북정상회담 홈페이지)

　'연합제'와 '낮은 단계의 연방제'의 공통점은 단계적 통일론이
다. 물론 차이도 분명하다. 연합제는 1민족 2국가 2체제라면, 연
방제는 단계를 낮추어도 1민족 1국가 2체제를 지향한다. 높은
단계의 연합과 낮은 단계의 연방은 내용적으로 비슷할 수 있지
만, 2국가와 1국가의 차이는 절대 적지 않다. 물론 미국의 경우
처럼, 국가연합에서 출발해서 연방제로 발전할 수 있다. 남북한
의 이질성을 고려하면 국가연합부터 출발하는 것이 바람직하다.
　예멘, 수단, 키프러스와 같은 다른 분단국의 사례를 살펴보면,
대체로 인구가 많고 국력이 강한 쪽이 통합수준이 높은 연방제
를 주장하고, 국력이 약한 쪽이 연합제를 주장하는 경향이 있다.
국력이 강하면, 통합을 주도할 수 있기 때문이다. 남북한의 역량
격차가 커지면서, 북한이 통일방안을 점차적으로 단계적인 방식
으로 수정해왔음을 알 수 있다. 연방제에서 낮은 단계의 연방제

로, 나아가 국가연합제와 비슷한 정도로 통일의 과정을 나누고 점진적으로 추진하겠다는 입장이다.

결국 남북한의 이질성을 고려하면 남북연합이 현실적이고 바람직하다. 남북연합은 정상회담의 정례화와 분야별 공동위원회의 상설화부터 시작해서, 협의의 수준을 점차적으로 높여나가는 방식으로 얼마든지 세부화할 수 있다. 북아일랜드 평화협정이 이루어지고 난 이후, 아일랜드와 북아일랜드는 정례적인 장관급 협의체를 운영하고 있는데, 하나의 국가연합의 사례라고 볼 수 있다.

통일에 대해서는 결과를 강조하는 의견과 과정을 강조하는 의견으로 구분할 수 있다. 결과로서의 통일은 통일 이후의 미래를 강조한다. 인구가 늘어나고 시장이 커지고 국제사회의 위상이 달라질 수 있다는 점을 강조한다. 그러나 통일은 분단을 극복하는 과정을 포함한다. 후유증을 해결하지 않고 정치적으로 통일을 하면 통일 이후가 통일 이전보다 못할 수도 있다. 통일을 이루는 과정에서 정치적 적대, 경제적 격차, 사회적 이질성, 군사적 대립을 해소하려는 노력이 중요하다. 동시에 사회문화적으로 동질성을 높이려는 노력이 매우 중요하다.

통일비용 논의도 마찬가지다. 통일비용이란 양측의 경제력 격차를 줄이기 위한 재정을 의미한다. 독일 통일 과정에서도 상당한 통일비용이 들었다. 통일비용은 조세부담으로 이어졌고, 서독과 동독 주민의 마음의 장벽을 쌓기도 했다. 그러나 통일 이후 30여 년의 시간이 흐르면서, 독일은 통일 후유증을 극복하고 유럽의 강국으로 부상했다. 한반도에 물론 독일의 사례를 그대로 적용하기는 어렵다. 동서독의 경우는 통일 이전에 꾸준한 교류와 협력이 이어졌고, 방송개방을 비롯한 상호이해가 존재했고, 전쟁을 치르지 않았기 때문에 적대감의 수준이 달랐다. 당연히 동서독의 경제력 격차와 남북한의 경제력 격차는 비교하기 어려울 정도로 차이가 있다.

남북한의 경제력 격차는 2021년 말 기준으로 명목 국민총생산 GDP은 56배, 1인당 GNI는 27배 차이 난다. 경제력 격차가 클수록 그만큼 북한의 소득수준을 남한과 비슷하게 만들기 위해 투자하는 비용이 커지기 때문에 당연히 통일비용이 높아진다. 통일비용을 줄이기 위해서는 경제적 격차를 줄여야 하고, 그러기 위해서는 북한이 개혁개방을 해서 스스로 경제발전을 위해 노력해야 하며, 따라서 남북 경제협력의 수준을 높여야 한다. 요컨대 통일비용은 통일 이전의 협력 수준에 달려 있다.

4. 평화통일의 중요성

통일은 평화적으로 이루어져야 한다. 대한민국 헌법도 평화적인 방법으로 통일을 추구해야 한다는 점을 분명히 하고 있다. 우리는 이미 전쟁을 겪었기 때문에, 다시는 비극을 되풀이하지 말아야 한다는 국민적 공감대가 존재한다. 평화적으로 통일을 하기 위해서는 교류를 통한 상호이해와 협력을 통한 공동이익을 추구해야 한다.

휴전협정을 맺은 지 70여 년의 세월이 흘러가고 있지만, 아직도 비무장지대에 묻혀 있는 한국전쟁 당시 병사들의 유해를 수습하지 못하고 있다. 아주 오랜 세월이 흘렀지만, 집으로 돌아가지 못하는 병사들의 영혼을 이제는 돌려보내야 한다. 그것이 전쟁의 상처를 치유하는 길이고, 다시는 비극적 전쟁을 되풀이하지 않겠다는 다짐이기도 하다.

통일은 공존이고 어울림이다. 특히 민주주의가 통일의 주요한 원칙이 될 필요가 있다. 하나의 악기로는 아름다운 화음을 만들 수 없다. 각자 다른 음을 가진 악기들이 모여 화음을 이루듯이 통일은 조화를 추구하고, 그러기 위해서는 차이를 인정해야 한다. 차이를 인정하고 공통점을 찾는 노력이 통일의 기본이고, 그래야 통일은 일시적이 아니라 지속가능한 발전을 가져올 수 있다.

■ 토론주제

• 한반도 평화와 통일의 관계에 대해 논의해보자.
• 한반도 평화체제는 어떠한 모습인지에 대해 논의해보자.

■ 참고자료

관련기구
• 통일부 ＜www.unikorea.go.kr＞
• 외교부 ＜www.mofa.go.kr＞

추천도서
• 김연철. 『70년의 대화(새로 읽는 남북관계사)』. 2018. 창비.
• 서보혁. 『한국 평화학의 탐구』. 2019. 박영사.

동영상
• (Youtube) 냉전, 탈냉전 그리고 한반도의 분단 통일부 국립통일교육원 (2021.10.28.)
• (Youtube) 국제정세와 한반도 통일 환경 통일부 국립통일교육원 (2021.12.6.)

XIV. 세계 평화

■ 학습목표

인류가 함께 추진할 수 있는 세계 평화의 방향과 미래상에 대해 알아본다.

1. 들어가는 말

인류 역사는 전쟁과 평화의 역사와 함께한다. 특히 20세기의 세계는 인류 역사상 가장 참혹한 전쟁을 경험한 시기였다. 1차 세계대전, 2차 세계대전, 한국전쟁, 베트남 전쟁, 이라크 전쟁 등 세계 곳곳에서 수많은 전쟁이 발생했다. 전쟁 과정과 전쟁 이후에도 집단학살과 인권유린 등의 비극적 상황이 발생했다.

인류 역사가 시작된 이래 전세계에서는 분쟁과 갈등은 지속되고 있는지만 평화적 상황을 만들기 위한 노력이 멈추거나 포기한 적도 없다. 세계 평화는 실현불가능한 것이 아니라는 믿음과 신념을 가지고 평화적 상황을 만들기 위한 인류사회의 노력은 지속되고 있다. 세계 평화는 단순히 유토피아, 이상향이 아니라 실현가능한 영역이기 때문이다. 아직 인류사회가 세계 평화를 경험하지 못했을 뿐 불가능한 사항이 아니며 충분히 인간의 노력으로 달성할 수 있다. 본 장에서는 세계 평화를 달성하기 위한 방법과 미래상에 대해 알아보자.

2. 세계 평화를 위한 노력

세계 평화의 시작은 전쟁과 폭력을 멈추기 위한 노력에서부터 가능하다. 존 F. 케네디 전 미국 대통령은 "인류는 반드시 전쟁을 끝내야 한다. 전쟁을 끝내지 못하면 전쟁이 인류를 끝낼 것이다"라고 했다. 인간이 전쟁을 멈추지 않으면 전쟁으로 인해 인간 사회가 종결될 수 있다는 점을 인식할 필요가 있다. 세계가 비폭력을 채택하지 않으면 인류는 공멸할 수밖에 없다. X장에서 논의한 비폭력이 폭력보다 평화를 만드는 효과가 크다는 점을 인지할 필요가 있다.

1945년 유엔UN이 설립된 가장 중요한 이유가 바로 전쟁을 막고 세계 평화를 달성하는 데 있다. 유엔은 매년 9월 21일을 국제 평화의 날International Day of Peace로 지정하여 국제 기념일로 삼고 있다. 해당 일에는 하루만이라도 전 세계에서 발생하는 전쟁 및 폭력 행위를 중단하고 평화에 대한 이상과 노력을 추진하도록 기념하고 있다. 국제 평화의 날은 1981년 11월 30일 제36차 UN 총회에서 제정된 뒤 1982년부터 매년 9월 셋째 주 화요일을 기념일로 지정했고 2001년부터는 9월 21일로 날짜를 지정하여 기념하고 있다.

유엔은 냉전이 심해지던 시기 미국과 소련 간 핵전쟁을 방지하고 화해와 협력의 새로운 시대를 조성하기 위해 1986년 한 해를 세계 평화의 해로 지정하기도 했다. 하지만 전 세계 시민들은 전쟁을 멈추고 평화를 원하고 있음에도 불구하고, 안타깝게도 여전히 세계 각지에서는 전쟁과 폭력적 상황은 끊이지 않고 발생하고 있다.

국제 평화의 날 포스터(2016) (위키디피아 커먼스)

3. 세계 평화의 방향

세계 평화를 위해서는 세계 도처에서 발생하는 각종 폭력적인 문제와 현상들에 대해 관심을 가져야 한다. 현재 전세계에서는 하루도 끊이지 않고 전쟁과 폭력의 문제들이 발생하고 있다. 한반도와 멀리 떨어진 지역에서 발생하는 폭력적인 문제에 대해서도 관심을 가질 필요가 있다. 세계가 상호연관되어 있기에 전쟁과 폭력으로 발생되는 위협과 위기가 특정 지역에 국한되어 다루어지는 문제가 아니라 서로 연계되고 연결되어 있기 때문이다. 초국적으로 발생하는 위협과 위기적 상황에 대해서는 함께 대처하고 극복하려는 모습 속에서 세계의 평화를 형성하는 기초가 될 수 있다.

2020년 코로나19의 본격적 확산으로 세계 평화와 안보에 대한 인식의 확장이 나타났다. 세계는 코로나19 사태로 초국적 위협에 빠져 하나의 운명공동체로 여겨지고 있다. 전세계에서 발생하는 문제는 일국의 문제가 아닌 전 세계 모든 행위자들이 공동으로 대처해야 한다고 인식하고 있다. 과거 평화를 위협하는 요인이 전쟁이나 분쟁 등 군사부문에 국한되었다면, 이제는 전염병, 기후위기, 자연재해 등 여러 문제가 복합적으로 엮여서 나타나고 있다. 따라서 정치·군사, 경제, 사회, 생태, 제도 등 여러 영역의 문제를 함께 해결할 때 세계 평화가 달성될 수 있다.

이제는 단순히 전쟁이 발생하지 않는다고 세계 평화가 달성됐다고 바라보면 안 된다. 정치, 사회, 경제, 환경 등 여러 분야와 영역들이 조화를 이룰 때 세계 평화가 가능하다. 어느 한 분야나 지역에서 위기나 갈등이 발생한다면 그것은 진정한 세계 평화라 할 수 없다. 따라서 개인 평화, 집단 평화, 국가 평화, 지역 평화가 모여 함께 어우러질 때 세계 평화를 달성할 수 있다. 개인 평화가 집단 평화로, 집단 평화가 국가 평화로, 국가 평화가 지역 평화로, 지역 평화가 세계 평화로 이어질 수 있다. 한반도 평화가 동북아 평화로 이어질 수 있고, 동북아 평화가 한반도 평화에 기여할 수 있다. 아시아 평화가 유럽 평화로 이어질 수 있고, 유럽 평화가 아시아의 평화로 이어질 수 있다. 세계 평화의 방향은 일방향적이 아니라 양방향적이며 복합적이라 할 수 있다. 결국 세계 평화를 위한 실현 방법과 방향은 복합적hybrid 형태와 형태를 지니며 이어진다는 의미다.

네팔 카트만두의 스와얌부나트 세계 평화 기념물 (위키디피아 커먼스)

세계 평화를 위한 각 구성요소들 간 연결성은 평화의 지속가능성을 형성하기 위해 중요하다. 연결이라는 관점은 고립된 것이 아니라 서로 연관되어 있다는 의미와 함께 문제가 발생하면 함께 연대하여 해결하려는 적극적 의미도 있다. 특정 지역과 영역에서 고립된 평화의 실천은 아무리 정당하고 강력하더라도 홀로 고립되어 진행되기에 취약하고 실현이 어려울 수밖에 없다. 역사적으로 분쟁과 폭력은 국제적, 국내적 요소들이 구조적으로 복잡하게 엉켜 서로 상충할 때 증폭되었다. 따라서 세계 평화의 달성은 이미 상존하고 있는 갈등의 복합적 요소들을 인지하는 동시에 산발적으로 흩어져 있는 작은 평화의 노력들을 연결하고 서로 연대하는 노력 속에서 시작된다고 볼 수 있다. 세계 평화는 개인, 집단, 국가, 지역 등 여러 영역에서 평화를 달성하기 위해 자기 역할을 충실히 담당하면서 다른 지역과 영역이 서로 함께 연대할 때 달성가능하다고 볼 수 있다. 일상 속 다양한 평화의 실천사항들을 발굴하고 연결 짓는 노력을 통해 세계 평화를 달성하기 위한 기반이 형성될 수 있다.

4. 세계 평화의 가능성

세계 평화의 성공 여부는 전쟁과 폭력이 없는 상황이 아니라 갈등을 얼마나 잘 평화롭게 해결하느냐에 달려있다. 전쟁이나 폭력으로 원하는 것을 쟁취하는 것이 아니라, 대화와 외교적 활동으로 서로 협력하고 양보할 때 세계 평화가 실현될 수 있다. 평화는 폭력적인 상황을 억제하고 제어할 때 가능하다.

오랫동안 대립과 갈등을 겪게 되면 그만큼 해결도 어려워지는데, 세계에는 '풀기 어려운 분쟁'이 적지 않다. 분쟁에서 평화로 전환한 사례에서 세계 평화를 위한 교훈을 찾을 필요가 있다. 유럽통합의 달성과정을 예로 들 수 있다. 두 번의 세계대전을 겪었던 독일과 프랑스는 접경지역인 루르와 자르 지역의 핵심 전쟁물자인 석탄과 철강을 공동관리하기 위해 유럽석탄철강공동체 ECSC를 만들었다. 전쟁물자를 공동관리해서 평화와 경제를 서로 키워나가는 '평화경제'의 가장 상징적인 모델이 아닐 수 없다.

유럽석탄철강공동체는 이후 유럽경제공동체EEC를 거쳐서 유럽연합EU을 형성하여 최종적으로 유럽통합으로 이어졌다. 유럽통합의 성공사례가 세계 평화를 위한 모범으로 삼을 수 있다. 유럽통합의 한계에도 불구하고 전쟁을 극복하고 공존과 협력을 통한 평화를 추구한 모범사례로 충분히 삼을 수 있다.

　평화를 만들기 위해서는 평화라는 꽃이 피어날 수 있는 환경을 마련하고, 평화를 염원하는 마음을 모으고, 평화를 만드는 사람들의 노력이 필요하다. 세계 평화를 위한 노력은 특정분야에 국한되는 것이 아니라 인간이 누리고 있는 모든 영역의 조화 속에서 가능하다. 세계 평화는 거창한 구호가 아니라 실천가능한 영역에서부터 하나씩 평화를 실현시킬 때 가능하다고 할 수 있다. 평화를 달성하기 위해 여러 영역과 부문들이 연결되어야 한다는 것은 결국 평화란 끝없이 지속적으로 추구해야 할 어려운 작업의 연속이라는 것을 함의하고 있다. 세계 도처에서 발생하는 다양한 문제를 함께 해결하려는 적극적 의지가 필요하다. 문제들이 해결되는 과정 속에서 세계시민이라는 인식이 형성될 수도 있다.

　미래의 인류사회는 전쟁의 역사가 아니라 평화의 역사라는 발상의 전환에서 그 모습을 그려야 한다. 충분히 달성가능한 평화를 달성하지 못했을 뿐 불가능의 영역이 아니라는 것이다. 세계평화는 먼 미래가 아닌 가까운 미래에도 충분히 실현가능한 영역이라는 점을 인식해야 하겠다.

■ 토론주제

• 세계 평화를 달성하기 위한 조건이 무엇인지 논의해보자.
• 세계 평화를 위협하는 요인이 무엇인지 논의해보자.

■ 참고자료

관련기구
• 유엔 <www.un.org>
• 유엔 세계 평화의 날 <https://internationaldayofpeace.org/>
• 유럽연합 <european-union.europa.eu>

동영상
• (Youtube) 세계인에 물었다-당신이 생각하는 세계평화란 무엇인가요? 2021 서울 유엔 평화유지 장관회의 (2021.10.8.)
• (Youtube) 세계인에게 물었다-세계평화는 과연 실현 가능할까요? 2021 서울 유엔 평화유지 장관회의 (2021.10.15.)

부록

- 국제연합헌장
- 유엔 지속가능발전목표
- 북아일랜드 평화협정
- 한반도의 평화와 번영, 통일을 위한 판문점 선언

국제연합헌장(UN 헌장)

우리 연합국 국민들은 우리 일생 중에 두 번이나 말할 수 없는 슬픔을 인류에 가져온 전쟁의 불행에서 다음 세대를 구하고, 기본적 인권, 인간의 존엄 및 가치, 남녀 및 대소 각국의 평등권에 대한 신념을 재확인하며, 정의와 조약 및 기타 국제법의 연원으로부터 발생하는 의무에 대한 존중이 계속 유지될 수 있는 조건을 확립하며, 더 많은 자유 속에서 사회적 진보와 생활수준의 향상을 촉진할 것을 결의하였다.

그리고 이러한 목적을 위하여 관용을 실천하고 선량한 이웃으로서 상호 간 평화롭게 같이 생활하며, 국제평화와 안전을 유지하기 위하여 우리들의 힘을 합하며, 공동이익을 위한 경우 이외에는 무력을 사용하지 아니한다는 것을, 원칙의 수락과 방법의 설정에 의하여, 보장하고, 모든 국민의 경제적 및 사회적 발전을 촉진하기 위하여 국제기관을 이용한다는 것을 결의하면서, 이러한 목적을 달성하기 위하여 우리의 노력을 결집할 것을 결정하였다.

따라서, 우리 각자의 정부는, 샌프란시스코에 모인, 유효하고 타당한 것으로 인정된 전권위임장을 제시한 대표를 통하여, 이 국제연합헌장에 동의하고, 국제연합이라는 국제기구를 이에 설립한다.

제1장 목적과 원칙

제1조

국제연합의 목적은 다음과 같다.

1. 국제평화와 안전을 유지하고, 이를 위하여 평화에 대한 위협의 방지 · 제거 그리고 침략행위 또는 기타 평화의 파괴를 진압하기 위한 유효한 집단적 조치를 취하고 평화의 파괴로 이를 우려가 있는 국제적 분쟁이나 사태의 조정 · 해결을 평화적 수단에 의하여 또한 정의와 국제법의 원칙에 따라 실현한다.

2. 사람들의 평등권 및 자결의 원칙의 존중에 기초하여 국가간의 우호
   관계를 발전시키며, 세계 평화를 강화하기 위한 기타 적절한 조치를
   취한다.
3. 경제적·사회적·문화적 또는 인도적 성격의 국제문제를 해결하고
   또한 인종·성별·언어 또는 종교에 따른 차별없이 모든 사람의 인
   권 및 기본적 자유에 대한 존중을 촉진하고 장려함에 있어 국제적
   협력을 달성한다.
4. 이러한 공동의 목적을 달성함에 있어서 각국의 활동을 조화시키는
   중심이 된다.

제2조
이 기구 및 그 회원국은 제1조에 명시한 목적을 추구함에 있어서 다음
의 원칙에 따라 행동한다.
1. 기구는 모든 회원국의 주권평등 원칙에 기초한다.
2. 모든 회원국은 회원국의 지위에서 발생하는 권리와 이익을 그들 모
   두에 보장하기 위하여, 이 헌장에 따라 부과되는 의무를 성실히 이
   행한다.
3. 모든 회원국은 그들의 국제분쟁을 국제평화와 안전 그리고 정의를
   위태롭게 하지 아니하는 방식으로 평화적 수단에 의하여 해결한다.
4. 모든 회원국은 그 국제관계에 있어서 다른 국가의 영토보전이나 정
   치적 독립에 대하여 또는 국제연합의 목적과 양립하지 아니하는 어
   떠한 기타 방식으로도 무력의 위협이나 무력행사를 삼간다.
5. 모든 회원국은 국제연합이 이 헌장에 따라 취하는 어떠한 조치에
   있어서도 모든 원조를 다하며, 국제연합이 방지조치 또는 강제조치
   를 취하는 대상이 되는 어떠한 국가에 대하여도 원조를 삼간다.
6. 기구는 국제연합의 회원국이 아닌 국가가, 국제평화와 안전을 유지
   하는데 필요한 한, 이러한 원칙에 따라 행동하도록 확보한다.
7. 이 헌장의 어떠한 규정도 본질상 어떤 국가의 국내 관할권안에 있는
   사항에 간섭할 권한을 국제연합에 부여하지 아니하며, 또는 그러한

사항을 이 헌장에 의한 해결에 맡기도록 회원국에 요구하지 아니한다. 다만, 이 원칙은 제7장에 의한 강제조치의 적용을 해하지 아니한다.

제2장 회원국의 지위

제3조
국제연합의 회원국은 샌프란시스코에서 국제기구에 관한 연합국 회의에 참가한 국가 또는 1942년 1월 1일의 연합국 선언에 서명한 국가로서, 이 헌장에 서명하고 제110조에 따라 이를 비준한 국가이다.

제4조
1. 국제연합의 회원국 지위는 이 헌장에 규정된 의무를 수락하고, 이러한 의무를 이행할 능력과 의사가 있다고 기구가 판단하는 그밖의 평화애호국 모두에 개방된다.
2. 그러한 국가의 국제연합회원국으로의 승인은 안전보장이사회의 권고에 따라 총회의 결정에 의하여 이루어진다.

제5조
안전보장이사회에 의하여 취하여지는 방지조치 또는 강제조치의 대상이 되는 국제연합회원국에 대하여는 총회가 안전보장이사회의 권고에 따라 회원국으로서의 권리와 특권의 행사를 정지시킬 수 있다. 이러한 권리와 특권의 행사는 안전보장이사회에 의하여 회복될 수 있다.

제6조
이 헌장에 규정된 원칙을 끈질기게 위반하는 국제연합회원국은 총회가 안전보장이사회의 권고에 따라 기구로부터 제명할 수 있다.

제3장 기관

제7조
1. 국제연합의 주요기관으로서 총회·안전보장이사회·경제사회이사

회·신탁통치이사회·국제사법재판소 및 사무국을 설치한다.

2. 필요하다고 인정되는 보조기관은 이 헌장에 따라 설치될 수 있다.

제8조

국제연합은 남녀가 어떠한 능력으로서든 그리고 평등의 조건으로 그 주요기관 및 보조기관에 참가할 자격이 있음에 대하여 어떠한 제한도 두어서는 아니된다.

-이하 생략-

제6장 분쟁의 평화적 해결

제33조

1. 어떠한 분쟁도 그의 계속이 국제평화와 안전의 유지를 위태롭게 할 우려가 있는 것일 경우, 그 분쟁의 당사자는 우선 교섭·심사·중개·조정·중재재판·사법적 해결·지역적 기관 또는 지역적 약정의 이용 또는 당사자가 선택하는 다른 평화적 수단에 의한 해결을 구한다.

2. 안전보장이사회는 필요하다고 인정하는 경우 당사자에 대하여 그 분쟁을 그러한 수단에 의하여 해결하도록 요청한다.

제34조

안전보장이사회는 어떠한 분쟁에 관하여도, 또는 국제적 마찰이 되거나 분쟁을 발생하게 할 우려가 있는 어떠한 사태에 관하여도, 그 분쟁 또는 사태의 계속이 국제평화와 안전의 유지를 위태롭게 할우려가 있는지 여부를 결정하기 위하여 조사할 수 있다.

제35조

1. 국제연합회원국은 어떠한 분쟁에 관하여도, 또는 제34조에 규정된 성격의 어떠한 사태에 관하여도, 안전보장이사회 또는 총회의 주의를 환기할 수 있다.

2. 국제연합회원국이 아닌 국가는 자국이 당사자인 어떠한 분쟁에 관하여도, 이 헌장에 규정된 평화적 해결의 의무를 그 분쟁에 관하여 미리 수락하는 경우에는 안전보장이사회 또는 총회의 주의를 환기할 수 있다.

3. 이 조에 의하여 주의가 환기된 사항에 관한 총회의 절차는 제11조 및 제12조의 규정에 따른다.

제36조

1. 안전보장이사회는 제33조에 규정된 성격의 분쟁 또는 유사한 성격의 사태의 어떠한 단계에 있어서도 적절한 조정절차 또는 조정방법을 권고할 수 있다.

2. 안전보장이사회는 당사자가 이미 채택한 분쟁해결절차를 고려하여야 한다.

3. 안전보장이사회는, 이 조에 의하여 권고를 함에 있어서, 일반적으로 법률적 분쟁이 국제사법재판소규정의 규정에 따라 당사자에 의하여 동 재판소에 회부되어야 한다는 점도 또한 고려하여야 한다.

제37조

1. 제33조에 규정된 성격의 분쟁당사자는, 동조에 규정된 수단에 의하여 분쟁을 해결하지 못하는 경우, 이를 안전보장이사회에 회부한다.

2. 안전보장이사회는 분쟁의 계속이 국제평화와 안전의 유지를 위태롭게 할 우려가 실제로 있다고 인정하는 경우 제36조에 의하여 조치를 취할 것인지 또는 적절하다고 인정되는 해결조건을 권고할 것인지를 결정한다.

제38조

제33조 내지 제37조의 규정을 해하지 아니하고, 안전보장이사회는 어떠한 분쟁에 관하여도 분쟁의 모든 당사자가 요청하는 경우 그 분쟁의 평화적 해결을 위하여 그 당사자에게 권고할 수 있다.

제7장 평화에 대한 위협, 평화의 파괴 및 침략행위에 관한 조치

제39조

안전보장이사회는 평화에 대한 위협, 평화의 파괴 또는 침략행위의 존재를 결정하고, 국제평화와 안전을 유지하거나 이를 회복하기 위하여 권고하거나, 또는 제41조 및 제42조에 따라 어떠한 조치를 취할 것인지를 결정한다.

제40조

사태의 악화를 방지하기 위하여 안전보장이사회는 제39조에 규정된 권고를 하거나 조치를 결정하기 전에 필요하거나 바람직하다고 인정되는 잠정조치에 따르도록 관계당사자에게 요청할 수 있다. 이 잠정조치는 관계당사자의 권리, 청구권 또는 지위를 해하지 아니한다. 안전보장이사회는 그러한 잠정조치의 불이행을 적절히 고려한다.

제41조

안전보장이사회는 그의 결정을 집행하기 위하여 병력의 사용을 수반하지 아니하는 어떠한 조치를 취하여야 할 것인지를 결정할 수 있으며, 또한 국제연합회원국에 대하여 그러한 조치를 적용하도록 요청할 수 있다. 이 조치는 경제관계 및 철도·항해·항공·우편·전신·무선통신 및 다른 교통통신수단의 전부 또는 일부의 중단과 외교관계의 단절을 포함할 수 있다.

제42조

안전보장이사회는 제41조에 규정된 조치가 불충분할 것으로 인정하거나 또는 불충분한 것으로 판명되었다고 인정하는 경우에는, 국제평화와 안전의 유지 또는 회복에 필요한 공군·해군 또는 육군에 의한 조치를 취할 수 있다. 그러한 조치는 국제연합회원국의 공군·해군 또는 육군에 의한 시위·봉쇄 및 다른 작전을 포함할 수 있다.

제43조

1. 국제평화와 안전의 유지에 공헌하기 위하여 모든 국제연합회원국은 안전보장이사회의 요청에 의하여 그리고 1 또는 그 이상의 특별협정에 따라, 국제평화와 안전의 유지 목적상 필요한 병력·원조 및 통과권을 포함한 편의를 안전보장이사회에 이용하게 할 것을 약속한다.
2. 그러한 협정은 병력의 수 및 종류, 그 준비정도 및 일반적 배치와 제공될 편의 및 원조의 성격을 규율한다.
3. 그 협정은 안전보장이사회의 발의에 의하여 가능한 한 신속히 교섭되어야 한다. 이 협정은 안전보장이사회와 회원국간에 또는 안전보장이사회와 회원국집단간에 체결되며, 서명국 각자의 헌법상의 절차에 따라 동 서명국에 의하여 비준되어야 한다.

제44조

안전보장이사회는 무력을 사용하기로 결정한 경우 이사회에서 대표되지 아니하는 회원국에게 제43조에 따라 부과된 의무의 이행으로서 병력의 제공을 요청하기 전에 그 회원국이 희망한다면 그 회원국 병력중 파견부대의 사용에 관한 안전보장이사회의 결정에 참여하도록 그 회원국을 초청한다.

제45조

국제연합이 긴급한 군사조치를 취할 수 있도록 하기 위하여, 회원국은 합동의 국제적 강제조치를 위하여 자국의 공군파견부대를 즉시 이용할 수 있도록 유지한다. 이러한 파견부대의 전력과 준비정도 및 합동조치를 위한 계획은 제43조에 규정된 1 또는 그 이상의 특별협정에 규정된 범위안에서 군사참모위원회의 도움을 얻어 안전보장이사회가 결정한다.

제46조

병력사용계획은 군사참모위원회의 도움을 얻어 안전보장이사회가 작성한다.

제47조

1. 국제평화와 안전의 유지를 위한 안전보장이사회의 군사적 필요, 안전보장이사회의 재량에 맡기어진 병력의 사용 및 지휘, 군비규제 그리고 가능한 군비축소에 관한 모든 문제에 관하여 안전보장이사회에 조언하고 도움을 주기 위하여 군사참모위원회를 설치한다.

2. 군사참모위원회는 안전보장이사회 상임이사국의 참모총장 또는 그의 대표로 구성된다. 이 위원회에 상임위원으로서 대표되지 아니하는 국제연합회원국은 위원회의 책임의 효과적인 수행을 위하여 위원회의 사업에 동 회원국의 참여가 필요한 경우에는 위원회에 의하여 그와 제휴하도록 초청된다.

3. 군사참모위원회는 안전보장이사회하에 안전보장이사회의 재량에 맡기어진 병력의 전략적 지도에 대하여 책임을 진다. 그러한 병력의 지휘에 관한 문제는 추후에 해결한다.

4. 군사참모위원회는 안전보장이사회의 허가를 얻어 그리고 적절한 지역기구와 협의한 후 지역소위원회를 설치할 수 있다.

제48조

1. 국제평화와 안전의 유지를 위한 안전보장이사회의 결정을 이행하는데 필요한 조치는 안전보장이사회가 정하는 바에 따라 국제연합회원국의 전부 또는 일부에 의하여 취하여진다.

2. 그러한 결정은 국제연합회원국에 의하여 직접적으로 또한 국제연합회원국이 그 구성국인 적절한 국제기관에 있어서의 이들 회원국의 조치를 통하여 이행된다.

제49조

국제연합회원국은 안전보장이사회가 결정한 조치를 이행함에 있어 상호원조를 제공하는 데에 참여한다.

제50조

안전보장이사회가 어느 국가에 대하여 방지조치 또는 강제조치를 취하는 경우, 국제연합회원국인지 아닌지를 불문하고 어떠한 다른 국가도 자국이 이 조치의 이행으로부터 발생하는 특별한 경제문제에 직면한 것으로 인정하는 경우, 동 문제의 해결에 관하여 안전보장이사회와 협의할 권리를 가진다.

제51조

이 헌장의 어떠한 규정도 국제연합회원국에 대하여 무력공격이 발생한 경우, 안전보장이사회가 국제평화와 안전을 유지하기 위하여 필요한 조치를 취할 때까지 개별적 또는 집단적 자위의 고유한 권리를 침해하지 아니한다. 자위권을 행사함에 있어 회원국이 취한 조치는 즉시 안전보장이사회에 보고된다. 또한 이 조치는, 안전보장이사회가 국제평화와 안전의 유지 또는 회복을 위하여 필요하다고 인정하는 조치를 언제든지 취한다는, 이 헌장에 의한 안전보장이사회의 권한과 책임에 어떠한 영향도 미치지 아니한다.

-이하 생략-

유엔 지속가능발전목표(SGDs)

편집자 주

■ 채택 내용

지속가능발전목표(Sustainable Development Goals: SDGs)는 '단 한 사람도 소외되지 않는 것(Leave No one Behind)'을 슬로건으로 제시하여 2016년부터 2030년까지 국제사회가 함께 경제, 사회, 환경 문제를 해결하고 지속가능발전을 달성하기로 한 목표이다. 지속가능발전목표는 2015년 9월 25일부터 27일까지 미국 뉴욕에서 열린 제70회 유엔 개발정상회의에서 유엔 회원국의 만장일치로 채택되었다. 지속가능발전목표는 인간, 지구, 번영, 평화, 파트너십이라는 5개 영역에서 인류사회가 협력하여 실천할 수 있는 방향에 대해 17개 목표(Goals)와 169개 세부목표(Targets), 232개 지표(Indicators)로 이뤄져 있다. 2000년부터 2015년까지 전 세계의 빈곤을 퇴치하고 환경을 보호하기로 한 새천년개발목표(Millennium Development Goals: MDGs)보다 포괄적이고 발전된 의제라 할 수 있다.

1. 모든 곳에서 모든 형태의 빈곤 종식

1.1 2030년까지 현재 기준으로 하루에 $1.25 미만으로 살아가는 모든 사람을 위하여 모든 곳에서 절대 빈곤인구를 근절한다.

1.2 2030년까지, 국가별 정의에 따라 모든 측면에서 전 연령층의 남녀 및 아동의 빈곤 인구 비율을 최소한 절반으로 줄인다.

1.3 사회안전망을 포함하여 모두를 위하여 국가별로 적합한 사회적 보호체제 및 조치를 이행하고, 2030년까지 빈곤층과 취약계층에 대한 실질적 보장을 달성한다.

1.4 2030년까지 모든 남성과 여성, 특히 빈곤층과 취약계층이 경제적 자원에 대한 동등한 권리와 더불어 기초 공공서비스, 토지 및 기타 유형의 자산·유산·천연자원·적정 신기술, 소액금융을 포함한 금융서비스에 대한 오너십과 통제권에 대한 접근에 동등한 권리를 가질 것을 보장한다.

1.5 2030년까지 빈곤층과 취약계층의 회복력을 구축하고, 극한 기후에 관련된 사건이나, 기타 경제·사회·환경적 충격 및 재난에 대한 노출과 취약성을 감소한다.

1.a 개도국, 특히 최빈개도국에게 모든 측면에서 빈곤을 종식하기 위한 프로그램과 정책을 이행할 수 있는 적절하고 예측 가능한 수단을 제공하기 위하여 개발협력 증진 등을 통한 다양한 원천으로부터의 자원의 상당한 동원을 보장한다.

1.b 빈곤퇴치활동에 대한 투자증대가 이루어지도록 빈곤층 친화적이고 성(性) 인지적 개발전략을 기반으로, 국가별 지역별 국제적 차원에서의 견고한 정책프레임워크를 형성한다.

2. 기아 종식, 안전하고 영양이 개선된 식량 달성, 지속가능한 농업 장려

2.1 2030년까지 기아를 종식시키고, 영유아를 포함한 모든 사람, 특히 빈곤층과 취약계층이 연중 안전하고 영양가 있는 충분한 식량에

대한 접근을 보장한다.

2.2 2025년까지 5세 미만 아동의 발육부진 및 체력저하에 관해 국제적으로 합의된 목표를 달성하고, 청소년기, 소녀, 임산부, 모유수유 여성 및 노년층의 영양 필요성을 성명하며, 2030년까지 모든 형태의 영양 결핍을 없앤다.

2.3 2030년까지 토지 및 기타 생산 자원과 투입요소, 지식, 금융서비스, 시장 및 부가가치 창출과 비농업부문 고용 기회에 대한 안전하고 평등한 접근 등을 통하여 영세한 농산물 생산자 특히 여성, 토착민, 가족농, 목축민 및 어업인의 농업생산성과 소득을 두 배로 늘린다.

2.4 2030년까지 지속가능한 식량생산체제를 확보하는 한편, 생산성과 생산량을 증대하고, 생태계 유지에 도움이 되며, 기후변화, 극심한 기상현상, 가뭄, 홍수 및 기타재난에 대한 적응력을 강화시키고, 점진적으로 토지와 토양의 질을 개선시키는 회복력 있는 농업 원칙을 이행한다.

2.5 2020년까지 국가별, 지역별, 국제적 수준에서 건전히 관리되고 있는 다양한 종자 및 식물은행을 포함하여 씨앗, 농작물, 가축 및 관련 야생종의 유전적 다양성을 유지하고, 국제적으로 합의된 대로, 유전자 자원과 전통 지식 활용에 대한 접근을 촉진하고, 그로 인한 이익을 공평하고 공정하게 공유하도록 보장한다.

2.a 개발도상국, 특히 최빈국의 농업 분야의 생산 역량을 강화하기 위하여, 국제협력증진을 통해 농촌 사회기반시설, 농업 연구 및 지원서비스, 기술개발, 식물·가축 유전자은행 설립에 대한 투자를 확대한다.

2.b 도하개발라운드(DDR)의 지침에 따라, 모든 형태의 농업수출보조금 및 동등한 효과를 가진 모든 수출조치의 병행 제거 등을 통하여 세계 농산물시장 내 무역제한 및 왜곡을 바로잡고 예방한다.

2.c 식료품 시장 및 파생상품 시장의 적절한 기능을 보장할 수 있

는 방안을 채택하고, 과도한 식량가격의 변동성을 제한할 수 있도록 식량 저장과 같은 시장 정보에의 적시 접근을 원활하게 하기 위한 조치를 채택한다.

3. 모든 연령층을 위한 건강한 삶 보장과 웰빙 증진

3.1 2030년까지 전 세계 산모사망 비율을 10만 건의 생존출산당 70건 미만으로 감소한다.

3.2 2030년까지 신생아 및 5세 미만 아동의 예방 가능한 사망을 종식시키고, 모든 국가는 신생아 사망을 1,000건의 생존출산당 적어도 12건, 5세 미만 사망을 1,000건의 생존출산당 적어도 25건으로 감축하는 것을 지향한다.

3.3 2030년까지 감염병인 AIDS, 결핵, 말라리아 및 소외열대질환(NTD) 유행을 종식시키고 간염, 수인성 질병 및 기타 감염성 질병을 퇴치한다.

3.4 2030년까지 예방 및 치료를 통하여 비전염성 질병으로 인한 조기 사망을 3분의 1 감축하고 정신건강 및 복리를 증진한다.

3.5 마약류, 알코올을 포함한 약물 오남용의 예방과 치료를 강화한다.

3.6 2020년까지 세계적으로 도로 교통사고로 인한 사망 및 상해를 절반으로 줄인다.

3.7 2030년까지 가족계획, 정보 및 교육, 성과 재생산 건강을 국가 전략 및 계획에 통합하는 것을 포함하여 성과 재생산 보건 서비스에 대한 보편적인 접근을 보장한다.

3.8 재무위험관리, 양질의 필수 보건서비스에 대한 접근, 양질의 안전하고 효과적이며 적정가격의 필수 약품 및 백신에 대한 접근을 보장함으로써, 모두를 위한 보편적 의료보장(UHC)을 달성한다.

3.9 2030년까지 유해 화학물질, 대기, 수질, 토지 공해 및 오염으로 인한 사망과 질병건수를 상당히 감소한다.

3.a 모든 국가에서 적절하게 세계건강기구 담배규제기본협약(World Health Organization Framework Convention on Tobacco Control)의 이행을

강화한다.

3.b 개발도상국에 주로 영향을 미치는 감염성 및 비감염성 질병에 대한 백신 및 의약품의 연구개발을 지원하고, 공중보건을 보호하며, 특히 모든 사람에게 의약품에 대한 접근을 보장하기 위해, 무역관련 지적재산권협정의 모든 조항을 활용할 수 있는 개발도상국의 권리를 확인하는 TRIPS 협정과 공중 보건에 관한 도하선언(Doha Declaration on the TRIPS Agreement and Public Health)에 따라, 적정가격의 필수 의약품과 백신에 대한 접근을 제공한다.

3.c 개발도상국 특히 최빈국과 군소도서개도국에서의 보건 재원과 보건인력의 채용, 계발, 훈련, 보유를 대폭 확대한다.

3.d 모든 국가, 특히 개도국의 국가적 세계적 보건 위험에 대한 조기경보, 위험 감축 및 관리 역량을 강화한다.

4. 포용적이고 공평한 양질의 교육보장과 모두를 위한 평생학습 기회 증진

4.1 2030년까지 모든 여아와 남아가 적절하고 효과적인 학습 성과를 거둘 수 있도록 공평한 양질의 무상 초등교육과 중등교육의 이수를 보장한다.

4.2 2030년까지 모든 여아와 남아에게 양질의 영유아 발달교육, 보육 및 취학 전 교육에 대한 접근을 보장하며 이들의 초등교육을 준비할 수 있도록 한다.

4.3 2030년까지 모든 여성과 남성에게 적정 비용의 양질의 기술교육, 직업교육 및 대학을 포함한 고등교육에 대한 평등한 접근을 보장한다.

4.4 2030년까지 취업, 양질의 일자리, 창업 활동에 필요한 전문, 직업 기술 등 적합한 기술을 지닌 청소년과 성인의 수를 실질적으로 늘린다.

4.5 2030년까지 교육에서의 성불평등을 해소하고 장애인, 토착민, 취약한 상황에 처한 아동을 포함한 취약 계층이 모든 수준의 교육과

직업훈련에 평등하게 접근하도록 보장한다.

4.6 2030년까지 모든 청소년과 상당수 성인 남녀의 문해력과 수리력 성취를 보장한다.

4.7 2030년까지 모든 학습자들이 지속가능발전 및 지속가능 생활방식, 인권, 성평등, 평화와 비폭력 문화증진, 세계시민의식, 문화다양성 및 지속가능발전을 위한 문화의 기여에 대한 교육을 통해, 지속가능발전을 증진하기 위해 필요한 지식 및 기술습득을 보장한다.

4.a 아동, 장애, 성 인지적인 교육시설을 건립하고 개선하며 모두를 위한 안전하고 비폭력적이며, 포용적이고 효과적인 학습 환경을 제공한다.

4.b 2020년까지 전 세계적으로 개발도상국, 특히 최빈국, 군소도서개발국, 아프리카 국가 등이나 선진국이나 기타 개발도상국의 직업훈련, 정보통신기술(ICT), 과학기술 및 공학분야를 포함한 고등교육에 등록하도록 지원하는 장학금을 실질적으로 확대한다.

4.c 2030년까지 개발도상국, 특히 최빈국 및 군소도서개발국에서 교사훈련을 위한 국제협력 등을 통해 자격을 갖춘 교사 공급을 실질적으로 늘린다.

5. 성평등 달성과 모든 여성 및 여아의 권익신장

5.1 모든 곳에서 여성 및 여아를 대상으로 하는 모든 형태의 차별을 없앤다.

5.2 인신매매와 성 착취 및 기타 유형의 착취를 포함하여, 공적 및 사적인 영역에서 여성 및 여아를 대상으로 하는 모든 형태의 폭력을 없앤다.

5.3 조혼, 강제 결혼, 여성할례 등 모든 유해한 관행을 없앤다.

5.4 공공서비스, 사회기반시설 및 사회적 보호정책을 제공하고 국가별로 적절하게 가구와 가족 내에서의 책임 분담을 증진함으로써, 무상 돌봄과 가사노동을 인정하고 가치 있게 인식한다.

5.5 정치, 경제, 공공부문의 모든 의사결정 과정에서 여성의 완전하고 효과적인 참여와 리더십에 대한 평등한 기회를 보장한다.

5.6 국제인구개발회의(ICPD) 행동계획과 베이징 행동강령 및 이에 대한 검토 회의의 결과문서에 따라 합의된 대로 성과 재생산 건강과 재생산권에 대한 보편적 접근을 보장한다.

　5.a 여성에게 경제적 자원에 대한 평등한 권리와 더불어 토지 및 기타 유형의 자산·금융서비스·유산·천연자원에 대한 오너십과 통제권 접근에 대한 평등한 권리가 부여될 수 있도록 국내법에 따라 개혁을 시행한다.

　5.b 여성권익신장 증진을 위하여 핵심기술, 특히 정보통신기술의 이용을 강화한다.

　5.c 모든 수준에서 성평등 및 여성과 여아의 권익신장을 증진하기 위한 견고한 정책과 시행 가능한 법안을 채택하고 강화한다.

6. 모두를 위한 물과 위생의 이용가능성과 지속가능한 관리 보장

6.1 2030년까지 모두에게 적정가격의 안전한 식수에 대한 보편적이고 공평한 접근을 달성한다.

6.2 2030년까지, 특히 여성과 여아 및 취약한 상황에 처한 사람의 요구에 특별한 주의를 기울이면서, 모두를 위한 충분하고 공평한 공중위생 및 개인위생에 대한 접근을 달성하고 야외 배변을 근절한다.

6.3 2030년까지 오염 저감, 유해물질의 투기 근절과 배출 최소화, 미처리 폐수 비율 반감, 전 세계에서 재활용과 안전한 재사용의 대폭 증진을 통해 수질을 개선한다.

6.4 2030년까지 모든 부문에 걸쳐 물사용 효율을 상당히 증가시키고, 물부족에 대응하기 위해 담수의 지속가능한 취수와 공급을 보장하며, 물부족으로 고통 받는 사람 수를 상당히 감소시킨다.

6.5 2030년까지 적절한 경우 초국경 협력 등을 통하여 모든 수준에서 통합된 수자원 관리를 이행한다.

6.6 2020년까지 산, 숲, 습지, 강, 지하수층, 호수를 포함한 물과 관련

한 생태계를 보호하고 복원한다.

6.a 2030년까지 집수, 담수화, 물 효율성, 폐수처리, 재활용 및 재사용 기술을 포함하는 물과 위생 관련 활동과 프로그램에 있어 개도국 역량강화 지원과 국제적 협력을 확대한다.

6.b 물과 위생 관리를 개선하기 위해 지역사회의 참여를 지원하고 강화한다.

7. 모두를 위한 적정가격의 신뢰할 수 있고 지속가능하며 현대적인 에너지에 대한 접근 보장

7.1 2030년까지 적정가격의 신뢰할 수 있는 현대적 에너지서비스에 대한 보편적인 접근을 보장한다.

7.2 2030년까지 전 세계 에너지원 구성에서 재생에너지 비율을 상당히 증대한다.

7.3 2030년까지 전 세계 에너지효율을 두 배 향상한다.

7.a 2030년까지 재생에너지, 에너지효율, 선진적이고 보다 청정한 화석연료기술 등을 포함하여 청정에너지 연구와 기술개발에 대한 접근을 촉진할 수 있는 국제협력을 강화하고, 에너지 기반시설과 청정에너지 기술에 대한 투자를 증진한다.

7.b 2030년까지 개도국, 특히 최빈개도국, 군소도서개도국 및 내륙개도국에서 각국의 지원 프로그램에 따라 모두를 위한 현대적이고 지속가능한 에너지 서비스를 공급하기 위한 기반시설을 확대하고 기술을 개선한다.

8. 지속적 · 포용적 · 지속가능한 경제성장, 완전하고 생산적인 고용과 모두를 위한 양질의 일자리 증진

8.1 국가 상황에 따라 1인당 소득 증가를 유지하며 특히 최빈국의 경우 연간 국내총생산(GDP) 성장률을 최소 7%로 유지한다.

8.2 고부가가치 산업 및 노동집약적 산업에 중점을 두는 것을 포함하여 산업다변화, 기술발전 및 혁신을 통해 경제 생산성 향상을 달성

한다.

8.3 생산 활동, 양질의 일자리 창출, 기업가 정신, 창의성과 혁신을 지원하는 개발지향적 정책을 진흥하고 금융서비스에 대한 접근 확대를 포함하여 소규모 비즈니스 및 중소기업의 형성과 성장을 장려한다.

8.4 지속가능한 소비와 생산에 관한 10개년 계획에 따라, 선진국들이 주도하여 소비와 생산에 있어서의 전 세계적인 자원 효율성을 2030년까지 점진적으로 개선하고, 경제성장을 환경 악화로부터 분리시키도록 노력한다.

8.5 2030년까지 청년과 장애인을 포함한 모든 여성과 남성을 위해 완전하고 생산적인 고용과 양질의 일자리 및 동일 가치 노동에 대한 동일 임금을 달성한다.

8.6 2020년까지 교육 또는 훈련에 참여하지 않거나 실업 상태인 청년의 비율을 대폭 줄인다.

8.7 강제노동, 현대판 노예제, 인신매매를 근절하고, 소년병 징집 및 동원 등 포함해 가혹한 형태의 아동노동의 금지 및 종식보장을 위해 즉각적이고 효과적인 조치를 취하고, 2025년까지 모든 형태의 아동노동을 없앤다.

8.8 이주노동자, 특히 이주여성과 불안정한 고용상태에 있는 노동자를 포함한 모든 노동자를 위해 노동권을 보호하고, 안전하고 안정적인 근로환경을 증진한다.

8.9 2030년까지 지역의 고유문화와 특산품을 알리고 일자리 창출에 기여하는 지속가능한 관광 진흥 정책을 개발하고 이행한다.

8.10 모두를 위한 은행, 보험 및 금융서비스 접근을 장려하고 확대될 수 있도록 국내 금융기관의 역량을 강화한다.

8.a 최빈국 무역관련 기술지원을 위한 강화된 통합프레임워크 (Enhanced Integrated Framework for Trade-Related Technical Assistance to Least Developed Countries) 등을 통하여 개발도상국, 특히 최빈국에 대한 무역을 위한 원조(Aid for Trade) 지원을 확대한다.

8.b 2020년까지 청년 고용을 위한 글로벌 전략을 개발하고 운영하며 국제노동기구(International Labour Organization) 세계고용협약(Global Jobs Pact)을 이행한다.

9. 회복력 있는 사회기반시설 구축, 포용적이고 지속가능한 산업화 증진과 혁신 도모

9.1 모두를 위한 적정가격의 공평한 접근에 중점을 두고, 경제발전과 인류의 웰빙을 지원하기 위해 지역별 및 초국경 사회기반시설을 포함하여 양질의 신뢰할 수 있고 지속가능하며 복원력 있는 사회기반시설을 구축한다.

9.2 포용적이고 지속가능한 산업화를 증진하고, 2030년까지 국가 상황에 맞게 고용과 국내총생산(GDP)에서 산업 비중을 상당히 증대하며, 특히 최빈국에서 두 배 증대한다.

9.3 특히 개발도상국에서 신용우대 및 가치사슬과 시장에의 통합을 포함하여, 소규모 산업체와 기타 기업의 금융 서비스 접근을 향상한다.

9.4 2030년까지 사회기반시설을 개선(upgrade)하고 산업을 개편(retrofit)하여 지속가능하게 만들며, 자원 이용 효율성 향상, 청정하고 친환경적 기술 및 산업 프로세스의 채택 확장과 더불어 모든 국가가 각국의 역량에 맞춰 행동을 취한다.

9.5 과학 연구 강화 및 2030년까지 혁신을 장려하고 1백만 명 당 연구개발(R&D) 종사자 수를 상당히 증가시키고 공공·민간 연구개발 지출 증가 등 모든 국가와 특히 개도국에서 산업분야의 기술역량을 향상한다.

9.a 아프리카국가, 최빈개도국, 내륙개도국 및 군소도서개도국에 대한 금융적 기술적 기능적 지원 제공을 통하여, 지속가능하고 회복력 있는 사회기반시설 개발을 촉진한다.

9.b 산업 다변화와 원자재에 대한 부가가치 창출 등을 위한 정책 환경을 보장함으로써 개도국의 국내 기술개발, 연구 및 혁신을

지원한다.

9.c 최빈국의 정보통신기술(Information and Communications Technology)
에 대한 접근을 현저히 증가시키고 2020년까지 적정가격의 보
편적인 인터넷에 대한 접근을 제공할 수 있도록 노력한다.

10. 국내 및 국가 간 불평등 감소

10.1 2030년까지 하위 40% 인구의 소득성장을 국가평균보다 높은 수
준으로 점진적으로 달성하고 유지한다.

10.2 2030년까지 나이, 성별, 장애여부, 인종, 민족, 출신, 종교, 혹은
경제적 또는 기타 지위와 관계없이 모든 사람의 사회·경제·정
치적 포용을 강화 증진한다.

10.3 차별적인 법규, 정책, 관례를 철폐하고 이와 관련한 적절한 법,
정책, 활동을 증진하는 등의 노력을 통하여 평등한 기회를 보장하
고 결과의 불평등을 감소시킨다.

10.4 재정정책, 임금정책, 사회보호정책과 같은 정책을 도입하고 점진
적으로 더 높은 수준의 평등을 달성한다.

10.5 전 세계 금융시장과 기구들의 규제와 모니터링을 개선하고 그러
한 규제들의 이행을 강화한다.

10.6 더욱 효과적이고 신뢰할 수 있으며 책임 있고 합법적인 기관이
되도록, 글로벌 국제 경제 금융기구에서의 의사결정에 있어 개도
국의 대표성과 발언권 강화를 보장한다.

10.7 계획되고 잘 관리된 이주정책 이행 등을 통하여 질서 있고 안전
하며 정기적이고 책임감 있는 이주와 사람의 이동을 촉진한다.

10.a 세계무역기구(WTO) 협정에 따라 개도국, 특히 최빈개도국에
대한 특별 차등대우 원칙을 이행한다.

10.b 국가의 계획과 프로그램에 따라, 수요가 가장 큰 국가, 특히
최빈개도국, 아프리카 국가, 군소도서개도국 및 내륙개도국
에 대한 해외직접투자(FDI)를 포함한 공적개발원조(ODA)와 자
금 거래를 장려한다.

10.c 2030년까지 이주자 송금 비용을 3% 미만으로 줄이고, 비용이 5%를 초과하는 송금 경로를 철폐한다.

11. 포용적이고 안전하며 회복력 있고 지속가능한 도시와 주거지 조성

11.1 2030년까지 모두를 위한 적절하고 안전한 적정가격의 주택 및 기초서비스에 대한 접근을 보장하고 빈민가 환경을 개선한다.

11.2 2030년까지 취약계층, 여성, 아동, 장애인 및 고령자의 필요에 특별한 주의를 기울이면서, 특히 대중교통 확대를 통하여 모두를 위한 안전하고 저렴하며 접근이 용이하고 지속가능한 교통체제에 대한 접근을 제공하고 도로안전을 향상한다.

11.3 2030년까지 모든 국가에서 포용적이고 지속가능한 도시화를 확대하고, 참여적이고 통합적이며 지속가능한 인간정주 계획 및 관리 역량을 강화한다.

11.4 세계 문화유산과 자연유산 보호를 위한 노력을 강화한다.

11.5 2030년까지 빈곤층과 취약계층 보호에 주력하면서, 물 관련 재난을 비롯하여 재난으로 인한 사망자 및 피해자 수를 현저히 줄이고, 재난으로 인한 직접적인 경제적 손실을 글로벌 국내총생산 대비 상당히 줄인다.

11.6 2030년까지 대기질, 도시생활 폐기물 및 기타 폐기물 관리에 특별한 주의를 기울임으로써 도시의 1인당 부정적 환경영향을 줄인다.

11.7 2030년까지 특히 여성과 아동, 노인 및 장애인을 위해 안전하고 포용적이며 접근이 용이한 공공 녹지공간에 대한 보편적 접근을 보장한다.

11.a 국가, 지역적 개발계획을 강화함으로써 도시, 도시근교(peri-urban) 및 농촌지역 간 긍정적인 경제·사회·환경 연결을 지원한다.

11.b 2020년까지 포용, 자원 효율성, 기후변화 완화와 적응, 재난

회복력을 위한 통합된 정책 계획을 채택 이행하는 도시와
정주지의 수를 상당히 증대하고, 2015-2030 재난위험경감
을 위한 센다이 프레임 워크(Sendai Framework for Disaster Risk
Reduction 2015-2030)에 따라 모든 수준에서 전체적인 재난위험
관리를 개발 이행한다.

11.c 최빈국이 현지 자재를 사용하여 지속가능하고 회복력 있는
건물을 지을 수 있도록 재정적·기술적으로 지원한다.

12. 지속가능한 소비와 생산 양식의 보장

12.1 개발도상국의 발전 상황과 역량을 고려하면서, 선진국 주도로 지
속가능한 소비·생산 양식에 관한 10개년 계획을 모든 국가가 이
행한다.

12.2 2030년까지 천연자원의 지속가능한 관리와 효율적 사용을 달성
한다.

12.3 2030년까지 유통 및 소비자 수준에서의 전 세계 인구 1인당 음식
물쓰레기 발생량을 절반으로 줄이고, 출하 후 손실을 포함한 식품
의 생산 및 공급망에서 발생하는 식품 손실을 감소한다.

12.4 2020년까지 국제사회에서 합의된 프레임워크에 근거하여 화학물
질 및 모든 폐기물을 모든 주기에서 친환경적으로 관리하며, 인간
의 건강과 환경에 미치는 부정적 영향을 최소화하기 위해 대기,
물, 토양으로의 배출을 현저하게 줄인다.

12.5 2030년까지 예방, 감축, 재활용 및 재사용을 통해 폐기물 발생을
상당히 줄인다.

12.6 기업과 특히 대기업 및 다국적기업에게 지속가능한 실천계획을 채
택하고 보고 주기에 지속가능성 정보를 통합시킬 것을 장려한다.

12.7 국가정책 및 우선순위에 따라 지속가능한 공공조달 시행을 촉진
한다.

12.8 2030년까지 모든 사람이 자연과 조화를 이루는 지속가능한 발전
및 생활양식에 대한 적절한 정보와 인식을 갖도록 보장한다.

12.a 개도국이 보다 지속가능한 소비·생산 양식으로 나아가기 위한 과학적·기술적 역량을 강화하도록 지원한다.

12.b 일자리를 창출하고 지역 문화와 특산품을 알리는 지속가능 관광으로 인한 지속가능발전 영향을 모니터링하기 위한 수단을 개발하고 이행한다.

12.c 개발도상국의 특수한 필요와 여건을 충분히 고려하고 빈곤층 및 영향을 받는 공동체를 보호하는 방식으로 개발도상국의 발전에 미칠 부정적 영향을 최소화하면서, 보조금의 환경적 영향을 반영하도록 세제 개혁이나 환경유해보조금의 단계적 폐지 등의 방법으로 국가별 상황에 따라 시장 왜곡을 제거함으로써 낭비성 소비를 조장하는 비효율적 화석연료 보조금을 합리화한다.

13. 기후변화와 그로 인한 영향에 맞서기 위한 긴급 대응

13.1 모든 국가에서 기후 관련 위험과 자연재해에 대한 회복력과 적응력 강화한다.

13.2 기후변화 대응조치를 국가 정책, 전략 및 계획에 통합한다.

13.3 기후변화의 완화, 적응, 영향 감소, 조기 경보 등에 관한, 교육, 인식제고, 인적·제도적 역량을 강화한다.

13.a 가급적 조속한 출자를 통한 녹색기후기금(GCF)의 온전한 운영, 의미있는 완화 조치와 이행 투명성이라는 배경에서 개도국의 수요에 따라 2020년까지 모든 원천으로부터 매년 1천억불을 공동으로 동원하겠다는 목표에 대한 유엔기후변화협약(UNFCCC: United Nations Framework Convention on Climate Change) 선진국 당사국들의 약속을 이행한다.

13.b 여성, 청년, 지역사회의 사회적 약자에 주목하여 최빈개도국과 군소도서국가의 기후변화 관련 효과적인 계획과 관리 역량을 향상시키는 메커니즘을 장려한다.

14. 지속가능발전을 위하여 대양, 바다, 해양자원의 보전과 지속가능한 이용

14.1 2025년까지 해양 쓰레기와 영양염류 오염을 포함하여, 특히 육상활동에서 발생하는 모든 종류의 해양 오염을 예방하고 상당한 수준으로 줄인다.

14.2 2020년까지 심각한 악영향을 피하고자 회복력을 강화하는 방법을 포함하여 해양과 연안의 생태계를 지속가능하게 관리하고 보호하며, 건강하고 생산적인 해양을 조성하기 위해 복원 조치를 시행한다.

14.3 모든 수준에 걸쳐 과학 협력을 강화하여 해양 산성화의 영향을 최소화하고 이에 대응한다.

14.4 2020년까지 최소한 생물학적 특성에 따라 결정되는 최대지속생산량 수준까지 가능한 한 최단기간 내에 어족자원을 회복하기 위해, 효과적으로 어획을 규제하고, 남획, 불법·비보고·비규제(IUU) 어업 및 파괴적인 어업 관행을 종식하며, 과학에 기초한 관리계획을 이행한다.

14.5 2020년까지 국내법과 국제법에 부합하는 방식으로, 가용한 최상의 과학적 정보에 기초하여 연안과 해양의 최소 10%를 보전한다.

14.6 개도국과 최빈개도국에 대한 적절하고 효과적인 특별 차등 대우가 세계무역기구 수산보조금 협상의 필수 부분이 되어야 할 것을 인지하면서, 2020년까지 과잉어획능력 및 남획을 초래하는 유형의 수산보조금을 금지하고, 불법·비보고·비규제(IUU) 어업을 초래하는 보조금을 근절하고, 이와 유사한 신규 보조금의 도입을 제한한다.

14.7 2030년까지 어업, 양식업 및 관광의 지속가능관리 등 해양자원의 지속가능한 이용을 통하여 군서도서개도국과 최빈개도국의 경제적 이익을 증대한다.

14.a 군소도서개도국 및 최빈개도국 등 개도국의 발전에 대한

해양생물다양성의 기여도를 향상하고 해양건강성을 증진시키기 위해, 해양기술 이전에 관한 정부간해양학위원회(IOC: Intergovernmental Oceanographic Commission)의 기준과 지침을 고려하면서, 과학적 지식을 늘리고 연구역량을 발전시키며 해양기술을 이전한다.

14.b 소규모 영세 어업인에게 해양 자원과 시장에 접근할 수 있도록 지원한다.

14.c "우리가 원하는 미래" 보고서의 158번 항을 환기하면서, 해양과 해양 자원의 보전과 지속가능한 이용에 대한 법체계를 제시하는 유엔해양법협약에 반영된 국제법을 이행함으로써 해양과 해양 자원의 보전 및 지속가능한 이용을 강화한다.

15. 육상생태계 보호, 복원 및 지속가능한 이용 증진, 지속가능한 산림 관리, 사막화 방지, 토지황폐화 중지와 회복, 생물다양성 손실 중단

15.1 2020년까지 국제협정상 의무에 따라 육지 내륙 담수생태계 및 그 서비스, 특히 산림, 습지, 산지 및 건조지의 보존, 복원 및 지속가능한 이용을 보장한다.

15.2 2020년까지 전 세계적으로 모든 형태의 산림에 대한 지속가능한 관리 이행을 도모하고, 개발을 위한 산림파괴를 중단하며, 훼손된 산림을 복원하고, 신규조림과 재조림을 상당히 증대한다.

15.3 2030년까지 사막화를 방지하고, 사막화, 가뭄 및 홍수의 영향을 받은 토지를 포함한 훼손된 토지와 토양을 복원하고, 토지훼손에 중립적인 세계를 달성하기 위하여 노력한다.

15.4 2030년까지 지속가능발전에 필수적인 혜택을 제공하는 산림 생태계의 수용력을 증진할 수 있도록 생물다양성을 포함한 산지 생태계 보전을 보장한다.

15.5 자연서식지의 훼손을 줄이기 위한 시급하고 중요한 행동을 취하고, 생물다양성 손실을 중지시키며, 2020년까지 멸종위기종 보호

및 멸종을 예방한다.

15.6 국제적 합의에 따라, 유전자원 이용으로부터 발생한 이익의 공정하고 공평한 공유를 촉진하고 유전자원에 대한 적절한 접근을 장려한다.

15.7 보호동식물의 밀렵과 밀매를 종식시키기 위한 시급한 행동을 취하고, 불법야생동식물 제품의 수요와 공급에 대응한다.

15.8 2020년까지 침입 외래종의 유입을 막는 조치를 도입하고, 이들이 육상 및 수생태계에 미치는 영향을 상당히 줄이며, 우점종(priority species)을 통제 하거나 제거한다.

15.9 2020년까지 생태계와 생물다양성의 가치를 국가 · 지역 계획, 개발 프로세스 및 빈곤감소 전략과 회계(accounts)에 통합한다.

15.a 생물다양성과 생태계를 보전하고 지속가능하게 이용하기 위하여 모든 원천으로부터 재원을 동원하고 현저하게 증대한다.

15.b 모든 원천과 모든 수준으로부터 상당한 자원을 동원하여 지속가능한 산림관리를 위한 재원을 지원하고, 보전과 재조림 등 이러한 산림 관리를 진척시키기 위해 개도국에게 적절한 인센티브를 제공한다.

15.c 지속가능한 생계의 기회를 추구할 지역공동체의 역량을 증진함과 더불어 보호종의 밀렵과 밀매 방지 노력에 대한 지구적 지원을 강화한다.

16. 지속가능발전을 위한 평화롭고 포용적인 사회 증진, 모두에게 정의 보장과 모든 수준에서 효과적이고 책임성 있으며 포용적인 제도 구축

16.1 모든 곳에서 모든 형태의 폭력 및 폭력으로 인한 사망률을 대폭 감소시킨다.

16.2 아동에 대한 학대, 착취, 매매 및 모든 형태의 폭력과 고문을 종식한다.

16.3 국내·국제적 차원에서 법치를 증진하며, 정의에 대한 평등한 접근을 모두에게 보장한다.

16.4 2030년까지 불법 자금 및 무기거래를 대폭 감소시키고, 불법취득 자산의 환수와 반환조치를 강화하며, 모든 형태의 조직범죄를 퇴치한다.

16.5 모든 형태의 부패와 뇌물을 대폭 감소시킨다.

16.6 효과적이고 책임성 있으며 투명한 제도를 모든 단계의 기관에 구축한다.

16.7 호응성 있고 포용적이며 참여적이고 대표성 있는 의사결정을 모든 단계에서 보장한다.

16.8 개발도상국의 글로벌 거버넌스 제도 내 기관 참여를 확대하고 강화한다.

16.9 2030년까지 출생등록을 비롯하여 모두에게 법적 지위를 부여한다.

16.10 국내법과 국제협정에 따라 정보에 대한 대중의 접근을 보장하고, 기본적 자유를 보호한다.

16.a 폭력예방 및 테러와 범죄 퇴치를 위해 국제협력 등을 통한 모든 단계의 역량개발을 위한 국가별 관련 제도를 강화한다. (특히 개발도상국의 제도 강화)

16.b 지속가능발전을 위한 비차별적 법규과 정책을 증진하고 시행한다.

17. 이행수단 강화와 지속가능발전을 위한 글로벌 파트너십 재활성화

17.1 세금 및 기타 수입 징수를 위한 국내 역량을 개선하기 위하여 개도국에 대한 국제적 지원 등을 통한 국내 재원 동원 강화한다.

17.2 선진국은 개발도상국에 대한 공적개발원조(ODA) 규모를 국민총소득(GNI) 대비 0.7%까지 확대하고, 최빈국에 대한 공적개발원조를 국민총소득 대비 0.15-0.20%까지 제공하겠다는 공약 달성을 포함하여 공적개발원조에 대한 책무를 완전히 이행해야 한다.

ODA 공여국들은 최빈국에 대한 공적개발원조의 규모를 국민총소득 대비 최소 0.2% 제공을 목표로 설정하는 것을 고려하도록 장려한다.

17.3 다양한 원천으로부터 개도국을 위한 추가 금융재원을 동원한다.

17.4 적절한 경우 부채조달, 부채탕감, 부채조정을 위한 정책 조율을 통하여 개발도상국이 장기적인 부채상환능력(debt sustainability)을 갖출 수 있도록 지원하며, 고채무빈곤국(HIPC)의 채무부담을 완화하기 위해 외채문제에 대응한다.

17.5 최빈국을 위한 투자증진계획을 채택하고 이행한다.

17.6 과학, 기술 및 혁신에 대한 남북·남남·삼각협력 등의 지역적·국제적 협력과 접근을 강화하고, 현존 메커니즘 조정, 특히 UN차원에서의 개선과 세계 기술증진 메커니즘 등을 통해 상호합의에 기초한 지식공유를 증대한다.

17.7 상호 합의에 의한 양허 및 특혜조건 등 개도국에 유리한 조건으로 친환경기술의 개발·이전·보급·확산을 촉진한다.

17.8 2017년까지 최빈국을 위한 기술은행과 과학, 기술 및 혁신 역량 강화 메커니즘을 완전히 운용하고, 특히 정보통신기술(ICT)과 같은 구현기술의 활용을 강화한다.

17.9 남북·남남·삼각협력 등을 통하여 모든 지속가능발전목표 이행을 위해 수립된 개발도상국의 국가계획을 지원할 수 있도록 효과적이고 선별적인 / 목표지향적인 역량강화를 이행하며, 이를 위해 국제사회 지원을 강화한다.

17.10 도하개발어젠다 협상 타결 등을 통하여 세계무역기구 체제 하보편적·규칙 기반·개방적·비차별적·평등한 다자무역체제를 증진한다.

17.11 개도국의 수출을 대폭 증가시키고, 특히 2020년까지 전 세계 수출에서 최빈개도국이 차지하는 수출량을 두 배 증가시킨다.

17.12 최빈개도국 수입품에 적용가능한 특혜원산지규정이 투명하고 단순하며 시장접근 촉진에 기여함으로써 세계무역기구 결정에

일치하도록 모든 최빈개도국에 대한 영구적인 무관세·무쿼터 시장접근을 적시 이행한다.

17.13 정책조정과 정책 일관성 등을 통해 글로벌 거시경제의 안정성을 강화한다.

17.14 지속가능발전을 위한 정책 일관성을 강화한다.

17.15 빈곤퇴치와 지속가능발전을 위한 정책을 수립하고 이행하는데 있어 각국의 정책적 재량과 리더십을 존중한다.

17.16 모든 국가, 특히 개도국에서 지속가능발전 목표 달성을 지원하기 위해 지식, 전문성, 기술 및 재원을 동원하고 공유하는 다주체 파트너십에 의해 보완되는 지속가능발전을 위한 글로벌 파트너십을 강화한다.

17.17 파트너십의 경험과 재원조달 전략을 바탕으로, 효과적인 공공·민관·시민사회의 파트너십을 장려하고 도모한다.

17.18 2020년까지 최빈국, 군소도서개도국을 포함한 개발도상국에 양질의, 시의적절하고, 신뢰가능하며, 세분화된(소득, 성별, 연령, 인종, 민족, 이주상태, 장애여부, 지리적 위치 및 기타 국별 맥락에 따라) 데이터의 가용성을 대폭 향상하기 위해 역량강화 지원을 확대한다.

17.19 2030년까지 국내총생산(GDP)을 보완해 지속가능발전 이행의 정도 측정 방법을 개발하기 위해 기존의 이니셔티브를 기반으로 이를 발전시키고, 개발도상국의 통계역량 강화를 지원한다.

북아일랜드 평화협정(성금요일 협정)

다자간협상에서 도출된 합의
1998년 4월 10일

제1조. 지지 성명서

1. 다자간협상의 참석자인 우리는, 우리의 합의가 새로운 출발을 위한 진정한 역사적인 기회가 된다고 생각한다.

2. 과거의 비극은 실로 매우 유감스러운 고통의 잔재를 남겼다. 우리는 죽고 다치고 가족을 잃은 사람들을 절대로 잊지 않아야 한다. 우리는 새로운 출발을 통해 그들을 가장 잘 추도할 수 있다. 이에 우리는 화해, 용서, 상호 신뢰를 달성하고 모든 사람의 인권을 보호하고 옹호하기 위해 모든 노력을 다할 것이다.

3. 우리는 파트너십, 평등, 상호 존중이 북아일랜드 내, 북아일랜드와 아일랜드 간, 영국과 아일랜드 간 관계의 기초라고 믿는다.

4. 우리는 정치적 사안에 있어 차이를 해결하기 위한 수단으로 오로지 민주적이며 평화적인 수단만을 사용할 것이며, 이 합의에 관련하여 또는 달리, 정치적 목적을 위한 타자의 힘의 사용이나 위협에 반대한다는 전체적이며 절대적인 우리의 공약을 다시 확인한다.

5. 우리는 우리의 지속적이고 역시 정당한 정치적 열망들 사이의 본질적인 차이를 인정한다. 그럼에도 불구하고 우리는 민주적이며 합의된 조치의 틀 안에서, 화해와 관계 개선을 향한 모든 실질적인 방법을 찾기 위해 노력할 것이다. 우리는 이 협약에 따른 모든 조치가 성공하도록 성실하게 작업할 것임을 서약한다. 북아일랜드 의회, 북/남 각료이사회, 이행 기구, 영국-아일랜드 평의회, 영국-아일랜드

정부간회의, 「영국 의회법」과 「아일랜드 헌법」 개정안 등의 모든 제도적, 헌법적 조치가 서로 연계되어 있고 상호의존적이며, 특히 의회와 북/남 이사회의 기능은 너무나 밀접하게 상호 연계되어 있어서 각각의 성공여부가 서로에게 달려 있는 것으로 알려져 있다.

6. 이에 따라, 화합의 정신을 바탕으로 우리는 북아일랜드와 아일랜드 인민이 이 협약을 승인할 것을 강력히 권고한다.

제2조. 헌법적 사안

1. 참석자들은 기존의 영국-아일랜드 협정을 대체하는 영국-아일랜드 간 신규 협정에서 영국 정부와 아일랜드 정부가 행한 다음과 같은 공약을 지지한다.

(ⅰ) 영국과의 연합을 계속 지지할지, 주권국가 통일 아일랜드를 지지하는지에 관하여 북아일랜드 인민 대다수가 자유롭게 행사한 북아일랜드의 지위에 관한 선택의 정당성을 인정한다.

(ⅱ) 그들의 희망이 그러하다면, 통일 아일랜드를 형성하기 위하여 북아일랜드와 남아일랜드가 자유롭게 그리고 동시에 제시한 동의를 기초로 하여, 외부의 방해 없이 두 아일랜드 사이의 합의에 의해 자신들의 자결권을 행사하는 것은 아일랜드 섬 인민만이 결정할 사안이며, 그러한 권리는 북아일랜드의 대다수의 인민의 합의와 동의가 있는 때에만 그에 따라 성취되고 행사되어야 한다는 점을 인정한다.

(ⅲ) 상당 수의 북아일랜드 인민이 통일 아일랜드에 관한 아일랜드 섬 인민 대다수의 정당한 희망을 공유하고 있지만, 자유롭게 행사되고 있으며 정당한 북아일랜드 인민 대다수의 현재의 희망은 영국과의 연합을 유지하는 것이며, 그에 따라, 영국의 일부인 북아일랜드의 지위는 그러한 희망을 반영하고 있으며 그러한 희망에 의존하고 있다. 또한 대다수 인민의 동의가 있는 경우를 제외하고는, 북아일랜드의 지위를 변경하려는 모든 시도는 잘못일 것이라는 점을 인정한다.

(ⅳ) 만약 향후에 아일랜드 섬의 인민이 통일 아일랜드를 구성하기 위해 위의 (ⅰ)절과 (ⅱ)절에 제시된 내용을 기초로 하여 자결권을 행사하는 경우, 그러한 희망에 효력을 부여하기 위해 자신들의 의회 제정법을 도입하고 지지하는 것은 양국 정부에게 구속력 있는 의무가 될 것이라는 점을 확인한다.

(ⅴ) 북아일랜드 인민 대다수가 자유롭게 행사한 선택이 무엇이든, 북아일랜드에 대한 관할권을 가진 독립된 정부의 권력은 정체성과 전통의 다양성을 가진 모든 사람들을 대신하여 엄격한 공정성을 갖고 행사해야 하며, 시민적, 정치적, 사회적, 문화적 권리에 대한 완전한 존중과 평등, 모든 시민의 차별로부터의 자유, 존경의 동등성, 양측 공동체의 정체성, 특징, 열망에 대한 공정하고 평등한 대우라는 원칙을 기초로 해야 한다는 점을 확인한다.

(ⅵ) 북아일랜드의 모든 인민이 선택에 따라 자신을 아일랜드인 또는 영국인, 또는 양국 국민 모두로 스스로 인식하고 또한 그렇게 인정될 생득권을 인정하고, 그에 따라 그들이 영국 시민권과 아일랜드 시민권 모두를 보유할 권리를 양국 정부는 인정하며, 향후 북아일랜드의 지위 변경에 의해 영향 받지 않을 것임을 확인한다.

2. 참석자들은 또한 이 총체적 정치적 합의의 맥락에서, 양국 정부가 각각 「아일랜드 헌법」과 영국 제정법에서 북아일랜드의 헌법적 지위에 관한 변경을 제안하고 지지하기 위한 상응하는 조치를 취하였음에도 유의한다.

-이하 생략-

제6조. 권리, 보호조치, 기회의 평등

인권

1. 당사자들은 공동체 안의 모든 사람들 간의 상호 존중, 시민적 권리,

종교의 자유에 대한 공약을 확인한다. 최근의 갈등의 역사를 감안하여 당사자들은 특히 다음을 확인한다.

- 자유로운 정치적 견해를 가질 권리,
- 종교의 자유와 표현할 권리,
- 민족적이며 정치적인 열망을 민주적으로 추구할 권리,
- 평화적이고 합법적인 수단을 통해 헌법 변경을 추구할 권리,
- 거주 장소를 자유롭게 선택할 권리,
- 계층, 신념, 장애 유무, 성별 또는 민족에 무관하게 모든 사회 및 경제 활동에 동등하게 참여할 기회를 가질 권리,
- 종파에 따른 괴롭힘으로부터 자유로울 권리,
- 완전하고 평등하게 정치에 참여할 여성의 권리.

영국 제정법

2. 영국 정부는 북아일랜드 법률에 「유럽인권협약」(ECHR)을 완전히 편입시킬 것이며, 법원에 대한 직접적인 접근, 협약 위반 시의 구제, 불일치를 이유로 한 법원의 의회 제정법 무효화 권한도 포함될 것이다.

3. 진행 중인 공개 의견수렴 결과에 따라, 영국 정부는, 특히 우선적으로, 북아일랜드의 공공 당국에 조문화 된 의무를 창설하여, 종교, 정치적 견해, 성별, 인종, 장애, 연령, 혼인 상태, 부양가족, 성적 성향에 관련된 기회의 평등을 증진시킬 필요에 적절한 주의를 하며, 자신들의 모든 기능을 수행하도록 할 계획이다. 공공 기관들은 이러한 의무를 이행할 방법이 제시된 명문화된 계획을 작성해야 할 것이다. 그러한 계획에는 관련 범주에 대한 영향 평가, 대중과의 협의, 정보와 서비스에 대한 대중의 접근, 모니터링, 시간표 등 정책 평가를 위한 조치가 포함되어 있을 것이다.

4. 새로 창설되는 북아일랜드 인권위원회(아래 제5항 참조)는 영국의 제정법에서, 적절한 바에 따라 국제적 기제와 경험을 참조하여, 북아일랜드의 특별한 상황을 반영하기 위해, 「유럽인권협약」에 있는 인권을 보충하기 위한 인권을 규정하기 위한 범위에 관하여 협의하고

자문을 제공하기 위해 초청될 것이다. 두 공동체의 정체성과 특징에 대한 상호 존중과 존경의 공평성의 원칙을 반영하기 위한 이러한 추가적인 인권은 「유럽인권협약」과 함께 북아일랜드의 권리장전을 구성한다. 북아일랜드 인권위원회가 다룰 사안은 예를 들면 다음과 같을 것이다.

- 대우의 평등을 기초로 하여, 북아일랜드의 두 공동체의 정체성과 특징을 완전히 존중하기 위한 정부와 공공기구의 일반적 의무의 입안
- 공공 분야와 민간 분야 모두에서 기회의 평등과 차별의 방지를 위한 인권을 적시

-이하 생략-

화해 및 폭력의 희생자

11. 참가자들은 화해를 위해 필요한 요소로서, 폭력 희생자의 고통을 인정하고 다루는 것이 필수적이라고 생각한다. 참가자들은 북아일랜드 희생자 위원회의 작업의 결과를 기대하고 있다.

12. 희생자는 변화한 사회에 기여할 권리뿐만 아니라 기억될 권리를 갖고 있는 것으로 인정된다. 평화롭고 정의로운 사회를 달성하는 것은 폭력 희생자에 대한 진정한 추념이 될 것이다. 참가자들은 특히 분쟁의 영향을 받은 지역 출신의 젊은이들이 특히 곤경에 처해 있다는 점을 인정하며, 세계의 모범적 사례를 참조하여 특별한 공동체 기반 이니셔티브의 개발을 지원할 것이다. 희생자에게 필요한 부분을 지원하고 이에 대한 서비스를 제공하는 것도 핵심적인 요소가 될 것이며, 그러한 지원은 현지의 자조 네트워크와 지원 네트워크의 활동을 보조하는 공식적인 자원봉사 조직 또는 공동체에 기반한 자원봉사 조직 모두를 통해 제공할 필요가 있을 것이다. 이를 위해서는 충분한 자원이 할당되어야 하며, 여기에는 희생자의 필요에 부응하고 공동체 기반의 지원 프로그램을 제공하기 위해, 필요에 따라 공식적인 자금지원도 포함된다.

218

13. 참가자들은 북아일랜드 내부, 남북 아일랜드 공동체와 전통의 내부 및 서로간의 상호적 이해와 존중, 화해를 증진시키기 위해 많은 기구들이 이룬 성과의 가치를 인정하며, 그러한 성과가 평화와 정치적 합의를 공고히 하는데 있어 중요한 역할을 한다고 생각한다. 그에 따라, 참가자들은 그러한 기구를 계속 지원할 것을 서약하며, 화해 업무에 더 많은 재정적 지원을 하기 위한 사유를 적극적으로 검토할 것이다. 화해 과정의 필수적인 측면은 사회의 모든 수준에서 관용의 문화를 전파하는 것이며, 여기에는 통합 교육과 공동 거주를 촉진하고 장려하기 위한 이니셔티브도 포함된다.

-이하 생략-

제7조. 무장해제

1. 참석자들은 1997년 9월 24일에 채택된 절차적 동의(動議)에서 이루어진 "무장해제 관련 사안의 해결이 협상 과정에서 불가결한 부분을 형성한다."는 합의를 상기하며, 위의 제1 측면 제25항의 조항도 상기한다.

2. 참석자들은 독립 국제 무장해제위원회와 정부들이 준군사 집단이 불법적으로 보유하고 있는 무기의 무장해제를 달성하기 위한 실행 가능한 기초를 제공할 수 있는 계획을 작성함에 있어 이루어낸 성과에 주목한다.

3. 이에 따라 모든 참석자는 모든 준군사 조직의 완전한 무장해제에 대한 자신들의 공약을 재확인한다. 참석자들은 무장해제위원회와 함께 건설적이고 성실하게 작업을 계속하며, 북아일랜드와 남아일랜드의 국민투표에 의한 협정 추인일로부터 2년 이내에, 그리고 전체 합의의 이행의 맥락에서, 모든 준군사 집단의 무기를 무장해제하기 위해 자신들이 가질 수 있는 모든 영향력을 행사할 것도 확인한다.

4. 무장해제위원회는 불법 무기의 무장해제에 관한 진전을 감시, 검토, 검증할 것이며, 정기적으로 두 정부에 보고할 것이다.

6. 두 정부는 무장해제 과정을 보조하기 위해 모든 필요한 조치를 취할 것이며, 6월 말까지 관련 계획을 실행할 것이다.

제8조. 안보

1. 참가자들은 본 협약에 따른 평화 무드의 발전이 안보 조치와 실천의 정상화를 의미할 수 있으며, 의미해야 한다는 점에 주목한다.

2. 영국 정부는 위협의 수준과 공개된 전체적 전략에 일치하도록, 다음에 관한 북아일랜드 내의 정상적 안보 조치로 최대한 조속히 복귀한다는 목표를 향해 노력할 것이다.
   (i) 북아일랜드에 배치된 군대의 숫자와 역할을 정상적인 평화로운 사회에 적합하도록 감축한다.
   (ii) 안보 시설물을 제거한다.
   (iii) 북아일랜드 내의 비상 전력(戰力)을 제거한다. 또한
   (iv) 정상적인 평화로운 사회에 적합하고 부합되는 기타 조치.

3. 국무장관은 적절한 바에 따라 아일랜드 정부와 정당과 정기적으로 지속되는 준군사 행위의 진전과 그에 대한 대응을 협의할 것이다.

4. 영국 정부는 1998년 4월 2일에 발간된 문서를 기초로 하여 무기 규제와 통제에 대한 자문을 계속할 것이다.

5. 아일랜드 정부는 개혁과 상황에 따라 더 이상 필요하지 않은 요소들을 삭제한다는 관점에서, 1939~85년 「국가에 대한 범죄 법」에 대한 대대적인 검토를 시작할 것이다.

-이하 생략-

한반도의 평화와 번영, 통일을 위한 판문점 선언
(4.27 판문점 선언)

대한민국 문재인 대통령과 조선민주주의인민공화국 김정은 국무위원장은 평화와 번영, 통일을 염원하는 온 겨레의 한결같은 지향을 담아 한반도에서 역사적인 전환이 일어나고 있는 뜻 깊은 시기에 2018년 4월 27일 판문점 「평화의 집」에서 남북정상회담을 진행하였다.

양 정상은 한반도에 더 이상 전쟁은 없을 것이며 새로운 평화의 시대가 열리었음을 8천만 우리 겨레와 전 세계에 엄숙히 천명하였다.

양 정상은 냉전의 산물인 오랜 분단과 대결을 하루 빨리 종식시키고 민족적 화해와 평화번영의 새로운 시대를 과감하게 열어나가며 남북관계를 보다 적극적으로 개선하고 발전시켜 나가야 한다는 확고한 의지를 담아 역사의 땅 판문점에서 다음과 같이 선언하였다.

1. 남과 북은 남북관계의 전면적이며 획기적인 개선과 발전을 이룩함으로써 끊어진 민족의 혈맥을 잇고 공동번영과 자주통일의 미래를 앞당겨나갈 것이다.

남북관계를 개선하고 발전시키는 것은 온 겨레의 한결같은 소망이며 더 이상 미룰 수 없는 시대의 절박한 요구이다.

① 남과 북은 우리 민족의 운명은 우리 스스로 결정한다는 민족자주의 원칙을 확인하였으며 이미 채택된 남북 선언들과 모든 합의들을 철저히 이행함으로써 관계개선과 발전의 전환적 국면을 열어나가기로 하였다.

② 남과 북은 고위급회담을 비롯한 각 분야의 대화와 협상을 빠른 시일안에 개최하여 정상회담에서 합의된 문제들을 실천하기 위

한 적극적인 대책을 세워나가기로 하였다.

③ 남과 북은 당국간 협의를 긴밀히 하고 민간교류와 협력을 원만히 보장하기 위하여 쌍방 당국자가 상주하는 남북공동연락사무소를 개성지역에 설치하기로 하였다.

④ 남과 북은 민족적 화해와 단합의 분위기를 고조시켜 나가기 위하여 각계각층의 다방면적인 협력과 교류, 왕래와 접촉을 활성화하기로 하였다.

안으로는 6.15를 비롯하여 남과 북에 다같이 의의가 있는 날들을 계기로 당국과 국회, 정당, 지방자치단체, 민간단체 등 각계각층이 참가하는 민족공동행사를 적극 추진하여 화해와 협력의 분위기를 고조시키며, 밖으로는 2018년 아시아경기대회를 비롯한 국제경기들에 공동으로 진출하여 민족의 슬기와 재능, 단합된 모습을 전 세계에 과시하기로 하였다.

⑤ 남과 북은 민족 분단으로 발생된 인도적 문제를 시급히 해결하기 위하여 노력하며, 남북적십자회담을 개최하여 이산가족·친척 상봉을 비롯한 제반 문제들을 협의 해결해나가기로 하였다.

당면하여 오는 8.15를 계기로 이산가족·친척 상봉을 진행하기로 하였다.

⑥ 남과 북은 민족경제의 균형적 발전과 공동번영을 이룩하기 위하여 10.4 선언에서 합의된 사업들을 적극 추진해나가며, 1차적으로 동해선 및 경의선 철도와 도로들을 연결하고 현대화하여 활용하기 위한 실천적 대책들을 취해 나가기로 하였다.

2. 남과 북은 한반도에서 첨예한 군사적 긴장상태를 완화하고 전쟁 위험을 실질적으로 해소하기 위하여 공동으로 노력해나갈 것이다.

한반도의 군사적 긴장상태를 완화하고 전쟁위험을 해소하는 것은 민족의 운명과 관련되는 매우 중대한 문제이며 우리 겨레의 평화롭고 안정된 삶을 보장하기 위한 관건적인 문제이다.

① 남과 북은 지상과 해상, 공중을 비롯한 모든 공간에서 군사적 긴장과 충돌의 근원으로 되는 상대방에 대한 일체의 적대행위를 전면 중지하기로 하였다.

당면하여 5월 1일부터 군사분계선 일대에서 확성기 방송과 전단살포를 비롯한 모든 적대행위들을 중지하고 그 수단을 철폐하며, 앞으로 비무장지대를 실질적인 평화지대로 만들어 나가기로 하였다.

② 남과 북은 서해 북방한계선 일대를 평화수역으로 만들어 우발적인 군사적 충돌을 방지하고 안전한 어로활동을 보장하기 위한 실제적인 대책을 세워나가기로 하였다.

③ 남과 북은 상호 협력과 교류, 왕래와 접촉이 활성화되는 데 따른 여러 가지 군사적 보장대책을 취하기로 하였다.

남과 북은 쌍방 사이에 제기되는 군사적 문제를 지체없이 협의 해결하기 위하여 국방부장관회담을 비롯한 군사당국자회담을 자주 개최하며 5월중에 먼저 장성급 군사회담을 열기로 하였다.

3. 남과 북은 한반도의 항구적이며 공고한 평화체제 구축을 위하여 적극 협력해 나갈 것이다.

한반도에서 비정상적인 현재의 정전상태를 종식시키고 확고한 평화체제를 수립하는 것은 더 이상 미룰 수 없는 역사적 과제이다.

① 남과 북은 그 어떤 형태의 무력도 서로 사용하지 않을 데 대한 불가침 합의를 재확인하고 엄격히 준수해 나가기로 하였다.

② 남과 북은 군사적 긴장이 해소되고 서로의 군사적 신뢰가 실질적으로 구축되는 데 따라 단계적으로 군축을 실현해 나가기로 하였다.

③ 남과 북은 정전협정체결 65년이 되는 올해에 종전을 선언하고 정전협정을 평화협정으로 전환하며 항구적이고 공고한 평화체제 구축을 위한 남·북·미 3자 또는 남·북·미·중 4자회담 개최를 적극 추진해 나가기로 하였다.

④ 남과 북은 완전한 비핵화를 통해 핵 없는 한반도를 실현한다는 공동의 목표를 확인하였다.

남과 북은 북측이 취하고 있는 주동적인 조치들이 한반도 비핵화를 위해 대단히 의의 있고 중대한 조치라는데 인식을 같이하고 앞으로 각기 자기의 책임과 역할을 다하기로 하였다.

남과 북은 한반도 비핵화를 위한 국제사회의 지지와 협력을 위해 적극 노력해나가기로 하였다.

양 정상은 정기적인 회담과 직통전화를 통하여 민족의 중대사를 수시로 진지하게 논의하고 신뢰를 굳건히 하며, 남북관계의 지속적인 발전과 한반도의 평화와 번영, 통일을 향한 좋은 흐름을 더욱 확대해 나가기 위하여 함께 노력하기로 하였다.

당면하여 문재인 대통령은 올해 가을 평양을 방문하기로 하였다.

2018년 4월 27일
판 문 점

대 한 민 국   조선민주주의인민공화국
대 통 령   국무위원회 위원장
문 재 인   김 정 은

필자 소개

김연철(인제대학교 통일학부 교수)

성균관대학교 정치외교학과를 졸업하고, 정치외교학과 대학원에서 북한의 정치경제로 정치학 박사학위를 받았다. 삼성경제연구소 북한연구팀 수석연구원, 통일부 장관 정책보좌관, 통일연구원 원장, 통일부 장관을 역임하였다. 현재 인제대학교 통일학부 교수이며, 한반도평화포럼 이사장을 맡고 있다. 저서로는 『북한의 산업화와 경제정책』(2001), 『협상의 전략』(2016), 『70년의 대화: 새로 읽는 남북관계사』(2018) 등이 있다.

서보혁(통일연구원 연구위원)

성균관대학교 신문방송학과를 졸업하고, 한국외국어대학교 대학원에서 북한과 미국의 관계 연구로 정치학 박사학위를 받았다. 국가인권위원회 전문위원, 이화여대와 서울대에서 연구교수로 근무하였고, 현재 통일연구원 연구위원이며, 북한연구학회 편집위원장을 맡고 있다. 근래 저서로 『한국 평화학의 탐구』(2019), 『분쟁의 평화적 전환과 한반도』(2020, 공편), 『평화의 인권·발전 효과와 한반도』(2021, 공저), 『평화개념 연구』(2022, 공편) 등이 있다.

황수환(통일연구원 부연구위원)

한국외국어대학교 정치외교학과를 졸업하고, 정치외교학과 대학원에서 평화협정 연구로 정치학 박사학위를 받았다. 고려대학교 일민국제관계연구원 연구교수, 강원대학교 통일강원연구원 선임연구원, 경남연구원 남북교류협력연구센터 팀장을 역임하였다. 현재 통일연구원 부연구위원으로 재직하고 있다. 저서로 『분쟁의 평화적 전환과 한반도』(2020, 공저), 『평화공감대 확산 추진전략과 정책과제』(2020, 공저), 『12개 렌즈로 보는 남북관계』(2021, 공저) 등이 있다.

평화학 개론

초판발행   2022년 6월 10일

지은이   김연철 · 서보혁 · 황수환
펴낸이   안종만 · 안상준

편 집   한두희
기획/마케팅   김한유
표지디자인   이소연
제 작   고철민 · 조영환

펴낸곳   (주) **박영사**
          서울특별시 금천구 가산디지털2로 53, 210호(가산동, 한라시그마밸리)
          등록 1959. 3. 11. 제300-1959-1호(倫)

전 화   02)733-6771
f a x   02)736-4818
e-mail   pys@pybook.co.kr
homepage   www.pybook.co.kr
ISBN   979-11-303-1569-0   93340

정 가   14,000원